日本節日

李仁毅 著

好吃驚

【梗出沒注意！】

（前方有很糟糕的梗出現，但我卻沒注意）

本書之中各種不大正常的歪樓與冷笑話，皆屬作者的正常表現，請讀者們安心地正常閱讀，謝謝。

目錄

前言

　　從 1992 年進入廣告公司擔任 AE 開始，我在廣告行銷界工作至今已約三十年，而從小到大素以繪畫能力見長的我，卻從 2009 年起多了一項身分，也就是《動腦》雜誌「日本流行快報」專欄作者。我以翟南的筆名撰寫這個專欄已超過十年，許多當時還在學校裡讀書的忠實讀者，現在早已進入業界勤（騙）奮（吃）貢（騙）獻（喝），讓我深深覺得自己真是造（遭）福（禍）鄉（人）里（間），但竟然還有不少讀者不知道翟字怎麼唸，而將翟南給唸成迪南，害我有點自暴自棄，一直想把筆名給改成柯南或牛南算了。

　　拜撰寫專欄之賜，我一直持續不斷接觸吸收各式各樣的日本資訊，也讓我有機會從 2018 年起陸續出版《原來如此！日本經典品牌誕生物語》（博客來人文史地類新書榜第一名、商業理財類第十名）、《廣告行銷原來如此！破解行銷原點》、《原來如此！日本名勝景點趣聞物語》（博客來旅遊類新書榜第二名）、《原來如此！日本歷史奇聞物語不思議》等四本書，萬分感謝各位讀者朋友與時報出版的支持，我的第五本書就在這兒與大家見面了，這也是我與時報出版首度合作所推出的書。

　　那麼，為何我會想寫一本有關日本 366 天節日的書？答案其實很簡單啊，因為日本各種節日的由來實在太有趣了，

內容上天下地、包山包海，這對超愛冷知識的我而言，實在具有莫大的吸引力，此外我也發現許多喜愛日本文化與事物的朋友們，對這些節日或其由來未必那麼熟悉了解，基於「不能只有我知道」的想法，當然就是要把它們給寫出來啊。

　　跟我過去的幾本書一樣，這本書照例又是包羅萬象，擁有極為龐大的資訊量，從電影談到電視再談到動畫，也從麵包談到鬆餅再談到泡芙，又從私奔談到背叛再談到銀髮戀愛，當然更少不了貓貓和狗狗，再加上日期與歷史的要素，讓這本書不僅可以寓教於樂，而且還是很棒的工具書呢！所有的網路小編，從此再也不用煩惱每天的 PO 文題材，而只能跟老闆乾瞪眼；所有的日本導遊，從此再也不怕沒有日本趣聞，而只能跟遊客乾瞪眼；所有的男生，從此再也不必擔心沒有搭訕的起頭話題，而只能跟路旁的狗狗乾瞪眼，你看這本書就是這麼好用啊！（廣告行銷魂忽然上身）

　　總之，這是一本集結了日本歷史、民情、習俗、知識、趣聞，還有許多冷笑話與歪樓的書，希望這本書能讓你的每一天都精彩萬分，相信在讀過之後，你也會發現原來日日是梗日，日本真有梗！如果你喜歡這本書，也請繼續支持我接下來的作品，謝謝。

導讀／日本節日的由來

　　每到過年時節，許多先生太太就會煩惱得要死，太太因為得張羅一切，忙得要死，先生則是想到又得去見丈母娘，寧願去死。只要是過日子，我們就會遇到節日，但是在進入網路時代之後，透過資訊的快速傳遞分享，日本網友發現原來一年 365 天（閏年則是 366 天），每天都是有趣好玩的節日或紀念日，但這些節日是怎麼來的呢？原因大致可以分為以下三類。

第一類：與歷史有關。

　　這一類節日的由來最為簡單明瞭，大致上就是在某一年的某一天，某個人或一票人在歷史上做了某件事情，讓這一天成為了紀念日，有的時候則是某個人物的生日或忌日，甚至是某個名詞首次出現在文獻上的日期，總之就是與歷史有關，但是在 1872 年發生了一件事，讓這簡單的邏輯忽然又變得有點複雜，那就是明治改曆。

　　數千年來，日本都照著陰曆在過日子，但是在 1872 年（明治 5 年）時，日本政府手頭正緊，而當時的公務員與官兵都是按月發薪，1873 年又剛好會遇到閏年，得發十三個月的薪水，於是日本政府趕緊在陰曆 11 月 9 日宣布：這一年的陰曆 12 月 3 日，要直接變成陽曆的 1873 年 1 月 1 日喔！

這一來一往讓日本政府足足少發了二個月的薪水，卻也產生很特殊的現象，那就是原本的傳統陰曆節日，直接變成了陽曆的同一天，這也是為何同樣的端午七夕，日本人卻是過陽曆的原因。此外，本書所提到的節日訂定方式，也因這個事件而以 1873 年作為分水嶺：在 1873 年之後的歷史事件，自然都是陽曆無誤，但是 1873 年之前的事件，則分為把當年的陰曆日期直接拿來過陽曆的同一個日期，以及把當年的陰曆日期換算成正確的陽曆日期二種模式。

為了避免大家混淆，如果是陰曆，我在書中都有清楚標示，此外為了讓大家更能感受許多事件背後所具有的歷史感，針對明治時代、大正時代還有昭和時代戰前，我也都註記了和曆的年分。

第二類：與諧音有關。

日本有個詞叫做語呂合わせ（ごろあわせ，Goroawase），最簡單的解釋就是諧音，這樣的做法是為了祈求吉兆或是便於記憶，或純粹只是為了好玩。日本人對於許多事物都有諧音的用法，而在日本節日的由來之中，因為日期數字諧音關係的占了很大部分，雖然有一些諧音很直接易懂，但也有一些是七轉八折，努力在某個詞或某句話中找到可以對應的諧音數字，有時甚至還會用到英語諧音，或是日英參半，相當考驗所有人（包含節日訂定者與讀者）的腦力。

就像我們的數字一可以唸做么，二可以唸做兩，日文的

數字也有許多的唸法與諧音，有興趣的朋友可以參考下表。

數字	日文發音與諧音
0	れい (Rei)，ぜろ (Zero)，お (O)
1	いち (Ichi)，い (I)，ひ (Hi)，ひと (Hito)
2	に (Ni)，じ (Ji)，ふ (Fu)，ぶ (Bu)，つ (Tsu)，にゃ (Nya)
3	さん (San)，さ (Sa)，ざ (Za)，み (Mi)
4	し (Shi)，よん (Yon)，よ (Yo)，す (Su)
5	ご (Go)，こ (Ko)，いつ (Itsu)
6	ろく (Roku)，ろ (Ro)，む (Mu)，ら (Ra)
7	しち (Shichi)，なな (Nana)，な (Na)，
8	はち (Hachi)，は (Ha)，ぱ (Pa)，ば (Ba)，や (Ya)
9	きゅう (Kyuu)，く (Ku)，ぐ (Gu)
10	じゅう (Jyuu)，とお (Too)，と (To)，ど (Do)，てん (Ten)
20	にじゅう (Nijyuu)，はつ (Hatsu)

第三類：因東拉西扯而有關。

有些日本節日的由來，可能是你想破腦袋也很難想出來的，你必須要有優異（詭異）的觀察力，或是豐富（變態）的想像力才能理解，有一些則更需要具備卓越（瘋狂）的知識，看到這些節日的緣由，除了可以帶給你無盡的歡樂，還會讓你一直很想翻桌、砸書、摔筆電，或是咬著拖鞋跑到街上對著月亮汪汪叫。（編輯：不對，最後一項是只有你才會幹的蠢事）

這本書裡除了 366 天的節日之外，日本的國定假日也都有談到，唯獨春分之日與秋分之日這二天沒提，因為這二個節日的日期每年是不固定的，端視當年春分與秋分是哪天。此外為了配合週休二日，日本從 2000 年起開始推動快樂星期一 Happy Monday 政策，也就是把某些國定假日轉移至某月某週的星期一來形成三連休，好讓大家開心一點，像成人之日從 2000 年起變成每年 1 月的第二個星期一，海之日從 2003 年起變成每年 7 月的第三個星期一，日期也是不固定的，但我還是把它們原本的日期與緣由都寫了出來。

　　最後補充一點，日本節日誇張的多，大有「就算殺了一個我，還有千千萬萬個我」的感覺，有些較熟悉日本文化的朋友或許會問，每一天的節日都很多啊，你怎麼沒全部寫出來？嗯，如果我每個節日都乖乖照寫的話，那麼你就會擁有一本重達八公斤的書，這書的奧妙之處就是可以藏在民居之中，隨手可得，還可以放在書架來隱藏殺機，就算被警察抓了也告不了你，但缺點則是拿來蓋泡麵或墊桌腳都會很不方便。

　　那麼我又是如何挑選這本書裡所介紹的節日呢？原則上除了比基尼優先之外（編輯：等等，比基尼是什麼意思？），我挑選的都是日本人自己發起的節日，而不是外國人先訂定、日本人再引用的節日，而且我也選擇日本網路社群上討論度與關注度較高的節日，這樣才能讓大家更加了解貼近日本人的生活。此外，有一些節日對我們而言較為陌生，或是有一些歷史由來的節日雖然廣為流傳，卻沒有具體正確的佐證資料，

網路上只是重複地人云亦云（這也是網路資訊的特色啊），
像這樣的節日我就沒放進來了。

　　準備好了嗎？那我們就開始進入日本節日的世界囉！

1月（睦月）

原子小金剛之日（鉄腕アトムの日）

　　一年 365 天，就讓我們從原子小金剛開始吧。1951 年，日本漫畫之神手塚治虫從大阪大學附屬醫學專門學部畢業，同時也在《少年》雜誌推出連載漫畫《原子大使》，當時的原子小金剛只是個配角，之後到了 1952 年 4 月，《原子小金剛》獨立漫畫正式問世，然後轉眼經過十年，在 1963 年 1 月 1 日這天，日本首部每週一次 30 分鐘黑白動畫《原子小金剛》在電視播出，因此這天就成為原子小金剛之日。

　　若根據傳統動畫做法，每一集 30 分鐘的動畫得畫上至少 1.5 萬到 2 萬張圖，但當時負責製作動畫的虫 Production（手塚開設的公司）卻極力把圖畫張數減少至 1,500 張到 2,000 張，手塚治虫認為只要劇情吸引人、有配音、有配樂，即使動作不那麼流暢、嘴巴也只是張合，也能夠滿足電視觀眾的需求，這也成為日後所有日本電視動畫的基礎模式。

　　除了原子小金剛外，1 月 1 日也是另一部世界級動漫非常重要的日期喔！哆啦 A 夢首次來到大雄家的那天，就是 1970 年的 1 月 1 日。

初夢之日（初夢の日）

　　日本人把新年度做的第一場夢稱為初夢，認為夢境可以預測這一年的吉凶，最棒的是夢見富士山，意喻日本第一、

終年無事（富士的諧音），第二棒是老鷹，意喻飛高高～，第三棒則是夢到茄子，因為茄（なす，Nasu）與成功（成す）同音，所以自古就有「一富士二鷹三茄子」的說法。只是到底哪一天做的夢才叫做初夢？除夕到初一？初一到初二？還是初二到初三？這些說法其實都沒個準，但從明治改曆之後，大多數人是把初一到初二晚上所做的夢叫初夢，所以 1 月 2 日就成為初夢之日。

　　從室町時代開始，為了確保初夢能做到好夢，人們會把七福神搭乘寶船的圖紙壓在枕頭下睡覺，但若萬一不小心夢到老闆、債主或房東等髒東西的話（喂！），就趕緊把紙拿去放水流以化災解厄。2011 年，日本業者推出做夢 APP，讓你可以更容易做到美夢，使用方法很簡單，像是男生選擇「女生對我告白」，APP 就會在這男生淺眠時發出女生聲音說「我喜歡你」，讓他可以在夢中接受心儀女生的告白，但若不小心誤選到「男生對我告白」的話，則可能會在醒來之後留下嚴重的心理創傷，或是不知怎麼的，看隔壁阿強越看越順眼了。

私奔之日（駆け落ちの日）

　　昭和初期的女明星岡田嘉子，有著曲折離奇的一生。1927 年（昭和 2 年），已有婚約的嘉子在拍電影時愛上同劇演員竹內良一，兩人大搞失蹤私奔戲碼引發社會轟動，但也很快地結婚。因醜聞被各界排擠五年之後，嘉子重回電影

界，在 1936 年結識了有婦之夫杉本良吉，再度陷入熱戀，於是身為有夫之婦的嘉子呢，又私奔了。嘉子與良吉二人攜手在冰天雪地之中徒步前進，於 1937 年 1 月 3 日經庫頁島跨入蘇聯國境，私奔之日就是這麼來的。

只是為情遠走他鄉的二人，下場卻不像童話故事那般美好。杉本良吉在 1939 年被蘇聯以間諜罪嫌槍斃，嘉子則被監禁至二戰結束後的 1947 年，全日本都以為她早就死了，直到 1952 年才知道她還活著。1972 年，她捧著在蘇聯結婚的日籍丈夫骨灰回日本安葬，同時客串一些演出，上上綜藝節目，但她說「果然我現在已經是蘇聯人了，我想在那兒平靜過日子」，就在 1986 年回到蘇聯，之後直到 1992 年以 91 歲之齡去世為止，都沒有再回到日本。

1 月 4　石頭之日（石の日）

1 月 4 日是石之日的理由，真是再簡單也不過了，就是來自石的日文いし（Ishi）剛好與數字 1、4 諧音。石頭對日本人的生活非常重要，許多神社參道鋪的是石頭，也一定都有石雕的狛犬或狐狸，此外石頭的名堂和傳說也是超級多，例如會在夜半發出哭聲的夜泣石，代表男女的陰陽石，以及會奪人性命的殺生石，而長得像某個東西或很怪異的石頭，天上掉下來的石頭，超巨大的石頭，或是要掉不掉的石頭，也常被視為神明附體的御神體而被人們祭祀，其中又以超巨大且要掉不掉的石頭最受考生喜愛，因為不會掉的日文落ち

ない（Ochinai）也有不會落榜的意思。

1月/5 草莓之日（いちごの日）

　　2001 年，知名的校園戀愛漫畫《草莓百分百》（いちご 100%）在《週刊少年 Jump》開始連載，而這個劇名竟然是來自男主角在漫畫的一開頭，看見了女主角的草莓內褲？但這跟接下來要講的，一點關係也沒有（喂！）。

　　草莓的日文叫做いちご（Ichigo），剛好與數字 1、5 諧音，因此日本就把 1 月 5 日稱為草莓之日，但說的並不是水果的草莓，而是草莓族，這草莓族又與我們一般認知的「外表美麗，一壓就爛」說法不一樣，日本人指的是正值 15 歲的少男少女，他們即將面對激烈嚴苛的高中入學考試，因此這天是對他們加油打氣的好日子。順帶一提，水果的草莓之日則是 1 月 15 日，以及每個月的 15 日，此外因為圍棋的日文叫做囲碁（いご，Igo），也與數字 1、5 諧音，所以日本棋院也將這天訂為圍棋之日（囲碁の日）。

1月/6 蛋糕之日（ケーキの日）

　　1879 年（明治 12 年）1 月 6 日，《東京日日新聞》刊登了日本史上第一則蛋糕廣告，因此這天就成為蛋糕之日。這則由東京上野的風月堂所刊登的廣告寫道：「文化日益開

明，所有東西都變得西洋風，唯獨還沒有製作西洋菓子（蛋糕）的人出現，因此本店特地從國外聘請專業職人來製作蛋糕，並在博覽會獲得極高評價，請務必前來品嚐看看」。

除了蛋糕之日外，每個月的 22 日都是奶油蛋糕之日（ショートケーキの日），因為月曆上每個月 22 日的正上方都是 15 日，而 15 的日文可唸做いちご（Ichigo），與草莓的日文諧音，22 的上面有 15，就像奶油蛋糕最上面一定有草莓一樣，嗯，就是這麼來的哦。（厲害，這樣也想得到）

1657 年，一場明曆大火把整個江戶城燒得亂七八糟，之後在 1659 年陰曆 1 月 4 日這天，全江戶的定火消（當年的消防隊）齊聚江戶上野東照宮，誓言做好消防的工作，這項做法持續演變至今，就變成固定在 1 月 6 日舉辦的東京消防出初式（東京消防出初式）。

1月/7 人日（人日）

是的，你沒看錯，1 月 7 日叫做人日，是屬於人的節日，在日本可是和雛祭、端午、七夕、重陽共同並稱為五節句，也就是五大傳統節日喔。日本根據古代中國傳來的風俗，稱陰曆 1 月 1 日為雞之日，2 日是狗之日，3 日是豬之日，4 日是羊之日，5 日是牛之日，6 日是馬之日，在各自動物的日子裡，民眾不會宰殺該種動物，而 7 日因為是人日，所以大家也不會在這天對犯罪者們處以刑罰，或是舉辦國定殺戮日之類的活動（喂！）。只是這節日原本應該是要過陰曆的，

但在明治天皇改曆後就變成在陽曆的 1 月 7 日慶祝了。

此外，這一天也叫做七草之節句，因為在這天早上，日本人會煮食放入七種蔬菜野草的粥，名為七草粥，藉以祈求一年無病無痛，這習俗始於平安時代，而在江戶時代成為將軍帶著武士平民一起參與的全民活動。（將軍：我不要放香菜，謝謝）

輸贏之日（勝負事の日）

1 月 8 日之所以是輸贏之日，源自於日本有句成語「一か八か」（Ichi ka bachi ka），直譯的話是「是一或者是八」，這意思是指無法確定結果，不知是吉是凶，就聽天由命交給老天爺來安排吧，但為何會用一與八這二個數字呢？據說原因可能是來自賭博，也就是擲骰子。骰子的賭法之一，就是賭二顆骰子的點數合計是單數還是雙數，日本人把開出雙數稱為「丁」，開出單數則稱為「半」，各位請看，這丁和半的文字上半部就是一和八啊，所以「一か八か」原本的意思是「看骰子開出來是丁還是半」。

感冒之日（風邪の日）

話說在江戶時代，出現了一位霹靂無敵的超級相撲力士：第二代谷風梶之助（本名金子與四郎），他不但創下連

勝 63 場的紀錄，同時也是日本大相撲史上第一位還活著就被封為橫綱的力士。谷風梶之助曾經發下豪語「我是絕對不會在相撲土俵上倒下的！如果想看我倒下來的模樣，就等我得了感冒再說吧！」結果在一場襲擊江戶的大型流行性感冒中，谷風梶之助真的得了感冒，然後他就……死掉嚕。他的忌日是 1795 年陰曆 1 月 9 日，所以這天就成為感冒之日，雖然谷風梶之助享年僅有 46 歲，但在他出場的 258 場賽事中，總共只輸了 14 次，勝率高達 94.9%，因此受到當代與後世極大的景仰。

1月 **10** 明太子之日（明太子の日）

許多人愛吃明太子，但卻不知道這名稱的由來，明太子源自韓國，也叫做明卵漬，使用鱈魚卵加工製成，鱈魚的韓文叫做明太（명태，myeongtae），明太子就是「明太魚的子」啦，而不是明朝的哪位太子捏。

1914 年（大正 3 年）12 月 12 日，日本報紙上首次出現明太子這個名稱，12 月 12 日就被稱做明太子之日，但當時還都是從韓國進口，直到 1949 年 1 月 10 日這天，福岡市的 Fukuya 公司創業者川原俊夫開始販售他研發的和風明太子，明太子從此成為福岡博多的代表性名產，因此 Fukuya 公司就將 1 月 10 日這天也訂為明太子之日。

1月/**11** 鹽巴之日（塩の日）

日本有句知名的成語「送鹽給敵人」（敵に塩を送る），意喻面對敵人仍抱持著仁義之心，幫助其脫離困境，其典故是這麼來的：話說在烽火連天的戰國時代，有二個長年打得死去活來的宿敵，一位是越後國（新潟縣）被人稱作越後之龍、軍神的上杉謙信，另一位則是甲斐國（山梨縣與長野縣的一部分）以風林火山著稱的武田信玄。

大家打開日本地圖就知道，山梨縣與長野縣四周都不靠海，甲斐國所需要的鹽都必須透過駿河國（靜岡縣）送來，然而原本是盟友的駿河國大名今川氏真卻在 1567 年與信玄鬧翻，火大之下連鹽也不准送去甲斐國，這下子老百姓要怎麼過活啊？而此時對信玄伸出援手的人，竟然是老宿敵謙信。謙信說：「我跟信玄打仗，靠的是弓箭，而不是米鹽」，於是在 1569 年陰曆 1 月 11 日，來自越後國的鹽送到了信玄領地（今天的長野縣松本あめ市），百姓莫不額手稱慶，謙信的鹽就被稱作「義之鹽」，這天也因此成為鹽巴之日。

之後的故事呢？收到鹽的信玄，致贈謙信一把福岡一文字太刀「弘口」作為回禮，此刀也被稱為鹽留之太刀，但二人並沒有因此就變得麻吉麻吉，而仍保持適當的社交距離。1573 年，比謙信大 9 歲的信玄率先歸天，據說他在臨終前交代兒子：「如果日後遇到了什麼麻煩，就去拜託越後國的謙信吧。」

1月 / 12　櫻島之日（桜島の日）

日本的溫泉超多，源自於火山也很多，而近來頗為活躍的火山之一，就是整座島都是火山的櫻島，據說這兒古代叫做鹿兒島，也就是鹿兒島地名的由來。位於九州鹿兒島縣鹿兒島灣內的櫻島，是在二萬六千年前因火山爆發而從海底升起的超典型火山島，總面積約 77 平方公里，距離 60 萬人居住的鹿兒島市僅有四公里遠，有記錄以來大爆發（日文叫做噴火）超過 30 次，其中更有三次超級大爆發，第一次是 1471 年 9 月 12 日的文明大噴火（文明 3 年），第二次是 1779 年 11 月 8 日的安永大噴火（安永 8 年），噴出的火山灰甚至飄到江戶，第三次則發生在大正年間 1914 年 1 月 12 日上午 10 點 10 分，史稱大正大噴火，櫻島之日即是由此而來。

大正大噴火總共噴出 32 億噸的火山灰與輕石，造成 58 人死亡，二千餘戶燒毀，但更重要的是流出的火山熔岩填滿了 400 公尺寬的海峽，讓櫻島西南邊與大隅半島相連，櫻島從此就再也不是真的島了。

1月 / 13　咸臨丸出航紀念日（咸臨丸出航記念日）

大家都知道日本在江戶時代曾經鎖國二百多年，但較少人知道在鎖國之前，日本的船隻曾經航越太平洋並抵達美洲

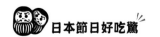

大陸。1610 年 8 月 1 日，菲律賓臨時總督羅德里哥・阿貝魯薩（Rodrigo de Vivero y Aberruza）搭乘德川家康送他的帆船：英國籍金髮武士三浦按針打造的 San Buena Ventura 號從浦賀出發，船上還有 23 名日本人商團，在 11 月 13 日抵達墨西哥阿卡波可，之後知名的仙台藩主獨眼龍伊達政宗也在 1613 年派遣船隻橫渡太平洋，而下一艘航向太平洋彼岸的日本船隻，則在 247 年之後才會出現，也就是咸臨丸。

　　1860 年陰曆 1 月 13 日，為了到美國進行美日友好通商條約的換約，日本遣美使節團船隻咸臨丸在這天由江戶品川出航，並在陰曆 2 月 26 日抵達美國。咸臨丸是德川幕府向荷蘭訂購的蒸氣式帆船，咸臨一詞來自中國易經，而這艘船原本的荷蘭語名字則叫做 Japan。

　　1 月 13 日對動漫迷也很重要喔！在漫畫裡，工藤新一就是在 1994 年 1 月 13 日這天喝下了雖小、不，縮小藥 APTX4869，這才有《名偵探柯南》的故事。

1 月/14　愛與希望與勇氣之日
（愛と希望と勇気の日）

　　雖然我們整天都在日本動漫上看到主角們大喊「愛！希望！勇氣！」，但是這愛與希望與勇氣之日的由來，卻不是來自動漫，而是來自狗。（嘎？）1956 年 11 月 8 日，日本第一支南極觀測隊的觀測船宗谷號，從東京的晴海碼頭出航，之後在 1957 年 1 月 24 日平安抵達南極，越冬隊員於 1 月 29 日正式登陸，建立了昭和基地。

1958 年初，宗谷號帶來第二批越冬隊員，但當時氣候極其惡劣，越冬隊員實在無力返回基地，最後只得在 2 月 24 日啟程返行日本，並留下 15 隻仍被項圈鏈住的雪橇犬（樺太犬），任其在風雪中自生自滅。1959 年 1 月 14 日，第三次越冬隊的直升機來到昭和基地上空，發現竟然還有二隻雪橇犬、也就是太郎與次郎還活著！這就是知名的《南極物語》故事，太郎次郎這對兄弟努力求生的英勇事蹟，在人們心中散發出愛、希望與勇氣的光輝，因此 1 月 14 日就成為愛與希望與勇氣之日。

1月/15 成人之日（アダルトの日）

沒想到才剛說完愛與希望與勇氣，接著就要講有點糟糕的東西啊，這裡所說的成人，並不是日本成人式的那種成人，而是……嘛……你懂的，十八禁封膠膜的那種成人。為什麼這天會是成人之日呢？原來在 1947 年 1 月 15 日，位於東京新宿的帝都座五樓劇場內，上演了日本史上第一場脫衣秀（看了就能轉大人喔）。

這場脫衣秀的內容，可不是一上場就開始大刺刺地脫衣服，主辦單位把這場秀包裝成西洋古典名畫鑑賞的真人秀，因為畫框的日文叫做額緣（がくぶち，Gakubuchi），所以又叫做額緣秀。在這場秀之中，唯一的裸露場景就是在演出「維納斯的誕生」時，年僅 19 歲的少女甲斐美和裸露酥胸出現約四、五秒的時間，但這已足夠讓容納量僅 420 人的劇

場，每場都塞爆了二千個色鬼、不，專業的藝術鑑賞人士，並開創脫衣演出熱潮，但日本真正的脫衣舞，則是到 1948 年才出現於東京淺草的常盤座劇場，一直到今天，日本依然有合法的脫衣舞劇場哪。

　　至於日本舉辦成人式的真正國定假日：成人之日（成人の日），原本是陰曆 1 月 15 日、也就是我們的元宵節（日本稱為小正月），但在明治改曆之後變成陽曆 1 月 15 日，然後再從西元 2000 年起，變更為每年 1 月的第二個星期一。

1月 / 16　英雄之日（ヒーローの日）

　　從過去到現在，英雄一直是各種故事、傳說、動畫與電影的主角，而與英雄最相襯的日子就是 1 月 16 日，因為英雄的日文ヒーロー（Hi-ro-）與數字 1、1、6 諧音，就連時下最大的超級英雄製造機：漫威，也同樣呼應這個英雄之日。漫威在日文的網頁寫道：「即便是英雄，也是會成長的。當遇到重要的人與夥伴時，人們就會成長，當擁有非守護不可的事物時，人們就會希望自己的心靈與身體更加堅強。一開始就十全十美的英雄是不存在的。即便是英雄，也會因為遇到重要的人，而成長得更加強大」、「1 月 16 日，英雄之日，喚醒沉睡在你體內的英雄吧。」

1月/17 今月今夜的月亮之日
（今月今夜の月の日）

1897 年（明治 30 年）1 月 1 日，日本的《讀賣新聞》開始連載一篇小說，造成了極大的熱潮，那就是由 30 歲的小說家尾崎紅葉所寫的《金色夜叉》，故事大概就像……明治時代的瓊瑤小說吧？

窮學生間貫一與富家女阿宮原本訂有婚約，眼看即將就要結婚，貪圖財富的阿宮父母卻又將阿宮許配給一位富豪，憤怒的貫一趕到熱海逼問阿宮，怎奈阿宮已經變心，於是貫一踹倒阿宮，並說出小說中最知名的台詞「阿宮，今天是 1 月 17 日，明年的今月今夜，我一定會用我的淚水讓月亮黯淡下來！」1 月 17 日就這麼成為今月今夜的月亮之日，而現在的靜岡縣熱海市海邊也立有貫一腳踹阿宮的銅像。雖然《金色夜叉》轟動非凡，但連載尚未結束，作者尾崎紅葉就在 1903 年因病與世長辭，之後再由他的弟子小栗風葉續寫完成，並數十次改編成電影與電視劇。

1月/18 東京都營巴士開業之日
（都バス開業の日）

對東京的居民而言，除了便捷的地下鐵與山手線等鐵道外，都營巴士也是重要的交通工具，然而它卻是因為地震才誕生的。

1923 年（大正 12 年）9 月 1 日的關東大地震，讓當年

東京鋪設的路面電車軌道肝腸寸斷，東京市民的日常交通大受影響，負責營運路面電車的東京市電氣局必須有個緊急應變方案，於是他們向美國福特汽車公司火速訂購 800 輛 T 型車的卡車款，並拿裝箱的木材將卡車載貨處打造成可搭載 11 位乘客的車廂，然後在關東大地震後四個月的 1924 年 1 月 18 日開始提供服務，這就是今天東京都營巴士的起源。

1月/19 卡拉 OK 之日（カラオケの日）

　　大家都知道卡拉 OK 誕生於 1970 年代的日本，但到底是誰在何時發明的，一直是眾說紛紜，因此有人就把卡拉 OK 的原點：歌喉自傲之日（のど自慢の日）也做為卡拉 OK 之日，但在此讓我先來說一下卡拉 OK 這個特別名稱的由來。OK 來自英文交響樂 Orchestra 的前二個音節，卡拉則來自日文的空（から，Kara），卡拉 OK 的意思就是前面有人在唱歌，但後面伴奏的樂團卻是「空的」。

　　二戰才剛結束半年的 1946 年 1 月 19 日，NHK 廣播電台舉辦歌喉自傲素人音樂會，超過 900 人前往參加，但只有唱得最棒的 30 人可以在現場實況轉播中站在麥克風前一展歌喉，因此這天就成為歌喉自傲之日，像這樣站在眾人面前唱歌，你說是不是跟卡拉 OK 很像呢。

1月/20 麻雀變鳳凰之日（玉の輿の日）

　　這是關於一位「摩根阿雪」的故事。1901年（明治34年），美國大富豪J‧P‧摩根的外甥、同樣也是有錢人的喬治‧摩根（George Denison Morgan）因失戀情傷來到日本京都，遇見了祇園的藝妓阿雪（藝名雪香），立即就向她求婚，但當時阿雪已另有情人，歷經一段風波紛擾之後，喬治拿出4萬日圓（相當於現在的8億日圓）為阿雪贖身，並在1904年1月20日於橫濱與阿雪結婚，阿雪就此成為摩根阿雪。日本人將女生嫁給有錢男生稱作「玉之輿」，意指女生坐上寶玉打造的轎子、麻雀變鳳凰了，因此這天就是麻雀變鳳凰之日，而被稱為日本灰姑娘的阿雪，從此就幸福快樂了嗎？

　　11年後的1915年，喬治因心臟病去世，阿雪繼承了60萬美元的龐大遺產，移居法國的她很快又有了新情人譚達特，但譚達特又於1931年病逝，阿雪就在1938年回到日本京都隱居，最後於1963年以83歲之齡逝世。

1月/21 勁敵攜手合作日（ライバルが手を結ぶ日）

　　日文有寫做「勁敵」唸做「朋友」的說法，雙方最初打得死去活來，後來又變成夥伴一起打倒強敵，就像孫悟空與達爾，鳴人與佐助，進藤光與白龍、不，塔史亮，但大家可

不要以為這是青少年漫畫才會出現的梗啊，事實上早在一百多年前，日本上上一代的老阿公們就已經示範給他們看囉。

　　幕末動亂之際，位於鹿兒島縣的薩摩藩支持幕府，位於山口縣的長州藩則要打倒幕府，雙方戰得不可開交。1866年陰曆1月21日，土佐藩的坂本龍馬邀請薩摩藩的西鄉隆盛、長州藩的桂小五郎（木戶孝允）等人在京都會談，薩摩藩與長州藩即締結條約組成薩長同盟，共同合力擊垮了德川幕府，因此這天就成為勁敵攜手合作日。在那之後，日本第一任到第七任的總理大臣（首相）都是由山口縣與鹿兒島縣出身的政治家輪流做，而在至今所有日本總理大臣中，也是山口縣出身的人數最多，當家也最久。

1月 22　咖哩之日（カレーの日）

　　咖哩起源於印度，但並非直接傳入日本，而是先在1772年從印度傳到英國，然後在明治時代的1868年（一說是江戶時代的1859年）再繞一大圈從英國傳入日本，但咖哩在進入日本之後，很快地演變成日本獨有的形式，也就是咖哩飯，無論是軍隊、學校或是賣場食堂，到處都有咖哩飯的蹤影，到了昭和時代，咖哩飯更是家家戶戶必有的餐點，那麼為何咖哩之日會是1月22日呢？

　　1982年，日本的全國學校營養士協議會將1月22日這天全日本800萬中小學生的營養午餐統一訂定為咖哩飯，不但對米食的普及做出貢獻，同時更確立咖哩飯國民美食天王

的地位，全日本咖哩工業協同組合就將這天訂為咖哩之日。

除了咖哩之日外，意外的是東京的爵士俱樂部經營者也在 2001 年將 1 月 22 日訂為爵士之日（ジャズの日），但理由倒是很可愛，因為 1 月的英文是 January，前面二個字是 JA，而 22 看起來就像英文的 ZZ，二者合在一起就變成爵士 JAZZ 囉。

1月/23 杏仁之日（アーモンドの日）

日本的美國加州杏仁協會在 2008 年將 1 月 23 日訂為杏仁之日，因為根據他們研究，日本成年女性只要 1 天攝取 23 顆杏仁，就能獲得每天必要所需的維他命 E 分量，對於美容和保健都有莫大的幫助。

這天也是 One Two Three 之日（ワン・ツー・スリーの日），只要是跟一、二、三有關的全都可以在這天慶祝，而日本的花粉問題對策事業者協議會同樣將這天訂為花粉對策之日（花粉対策の日），因為若要應對日本春季惱人的花粉症，就得在 1 月、2 月、3 月做好準備。雖然名為花粉，但與我們一般想像的鮮花不同，日本花粉症的主要元凶其實是山上的杉樹，因為杉樹的花粉可以漂浮數十公里至三百公里遠，而且這些杉樹有許多是 1960 年代日本大規模造林政策所產生的。

1月 / 24 牛肉紀念日（牛肉記念日）

　　從第四十代天武天皇在西元 675 年 4 月 20 日頒布肉食禁止令起，日本人的確不大吃獸肉（但並非決然不吃），而大家最少吃的就是牛肉。經過 1,200 年後，日本開放鎖國，日本的官員也開始與歐美列強打交道，這時候明治天皇發現：平平攏係歐吉桑，身高哪會差這麼多？他認為若要強國健民，就必須徹底模仿學習西方的飲食習慣，於是從明治維新一開始，吃牛肉就被視為文明開化的象徵，1872 年（明治 5 年）1 月 24 日的報紙上更寫著「肉食解禁！明治天皇向萬民推薦吃牛肉！我朝自中古以來，一直將肉食視為禁忌，因此天皇今天就親自吃牛肉來向大家做示範」，於是明治天皇首次吃牛肉的 1 月 24 日不但成為牛肉紀念日，同時也是壽喜燒之日（すき焼きの日）。

1月 / 25 鬆餅之日（ホットケーキの日）

　　鬆餅之日是知名的食品大廠森永製菓所訂定的，為何要選這天呢？因為在天寒地凍的時候，若能吃上一口熱呼呼的鬆餅，真能讓人整個身體和心靈都暖和起來，而日本自有氣象紀錄以來，最冷的氣溫就出現在 1902 年 1 月 25 日的北海道旭川市，而且是恐怖的零下 41 度，所以這天就成為鬆餅之日。

大家知道零下 41 度是什麼概念嗎？零下 40 度的溫度，已經適合拿來冷凍鮪魚或鮭魚等遠洋漁獲，也就是在這種氣溫中，只要一走出門外，你馬上就可擁有拍賣冷凍鮪魚的體驗，但你是那條鮪魚。日本有紀錄以來的前二十名低溫全都在北海道，只有一個在靜岡縣：日本史上第四低溫出現於我們熟悉的富士山頂，在 1981 年 2 月 27 日曾測得零下 38 度的低溫。

1月/26 文化財防火日（文化財防火デー）

位於奈良的法隆寺，據說創建於西元 607 年，由第三十三代天皇、也是日本第一位女天皇：推古天皇及知名的聖德太子開基，是世界現存最古老的木造建築之一，寺內擁有的世界文化遺產不計其數，然而在 1949 年 1 月 26 日這天，可能是畫家在摹寫壁畫時電線走火，導致國寶級的金堂與堂內 12 面國寶級壁畫被燒毀。在此意外之後，日本於 1950 年制定文化財保護法，加強各地寺院神社的消防演練，並在 1955 年將 1 月 26 日訂為文化財防火日。

1月/27 求婚之日（求婚の日）

嗯，為何這一天會沒頭沒腦地變成求婚之日呢？原來距今一百多年前的 1883 年（明治 16 年）1 月 27 日，日本

三重縣的地方報紙《伊勢新聞》與《三重日報》出現了日本史上第一則徵婚廣告，刊登廣告的是一位名叫中尾勝三郎的男士，他寫道：「前一陣子呢，我老婆跟我離婚了，無論貧富，17 歲到 25 歲的女士們，如果想嫁的話請跟我聯絡」，據說他之後果然娶到一位來應徵的 19 歲少女，真是可喜可賀、可喜可賀。除了 1 月 27 日，全日本新娘協會也因應 6 月新娘的說法，從 1994 年起將每年 6 月的第一個星期日訂為 Propose 之日（プロポーズの日），也是求婚之日的意思。

順帶一提，全世界最早的徵婚廣告出現於 1695 年 7 月 19 日的英國，內容寫道：「一位年約 30 歲的紳士，擁有許多房產，希望尋找願意成為伴侶、擁有 3,000 英鎊家產的年輕淑女」，而中國最初的徵婚廣告則刊登於 1902 年 6 月 26 日，相對囉嗦到了極點：「今有南清志士某君，北來遊學。此君尚未娶婦，意欲訪求天下有志女子，聘定為室。其主義如下：一要天足，二要通曉中西學術門徑，三聘娶儀節悉照文明通例，盡除中國舊有之陋俗。如能合以上諸格及自願出嫁，又有完全自主權者，勿論滿漢新舊，貧富貴賤，長幼妍媸，均可。請即郵寄親筆復函，若在外埠能附寄大箸或玉照，更妙。」

1月／28 偶然的幸運之日
（セレンディピティの日）

Serendipity 這個英文單字的真正意義不好翻譯，但也被譽為是最美麗的英文單字，它的意思是指偶然、意外發現的

有趣或珍貴之物，意外發生的好事，或是很棒的機緣巧合，有點像是你本來只打算拍新垣結衣，結果竟然順便拍到波多野結衣一樣（編輯：你舉的例子怪怪的）（我：小孩子才做選擇，只要是結衣，我全都要！），我就把這單字稱做偶然的幸運吧。

在日本，有個成立於 2014 年的日本偶然的幸運協會（真是什麼都有啊），也是他們將 1 月 28 日訂為偶然的幸運之日，為何是這天呢？原來在 1754 年 1 月 28 日，英國的貴族政治家兼小說家霍勒斯‧沃波爾（Horace Walpole）寫信給朋友賀拉斯‧曼（Horace Mann），在信中首次出現這個他自己創造的英文單字，因此這天就成為偶然的幸運之日。嗯，說到創造英文單字這件事，讓我想起唸國中考英文時，我也經常會自己發明創造英文單字，而被老師稱讚為英文倉頡呢。（編輯：呃，我想那應該不是稱讚的意思）

1月／29 人口調查紀念日（人口調査記念日）

早在西元 670 年，日本就已經有初步的戶籍制度：庚午年籍，到了江戶時代則有宗門人別改帳，進入明治時代之後，明治政府在 1872 年（明治 5 年）陰曆 1 月 29 日首次進行全國人口戶籍大調查，人口調查紀念日即由此而來，同時因為這一年是壬申年，這次的人口戶籍資料就被稱做壬申戶籍。

當年的壬申戶籍還有區分皇族、華族（貴族）、士族、僧、尼、平民等多種階級，調查出來的日本總人口數則是

3,311 萬人，而根據現今日本總務省統計局的資料，2020 年 1 月 1 日的日本總人口數為 1 億 2,427 萬人，是 148 年前的 3.75 倍。說到人口，大家都知道東京是日本人口最多的第一大城市，但誰是第二大城市呢？許多人會猜大阪，但其實是人口 375 萬的橫濱市，大阪則以 275 萬排名第三。

1 月／30 三分鐘電話之日（3 分間電話の日）

1970 年 1 月 30 日，日本電信電話公社規定：從這一天起，拿公共電話打市內電話的費用是每三分鐘 10 日圓，這就是三分鐘電話之日的由來。

你可能會覺得很奇怪，這件事好像沒什麼了不起啊？公共電話不都是投多少錢講幾分鐘話嗎？其實在 1960 年代的日本，如果你用公共電話撥打市內電話，只要投入 10 日圓之後，就可以無限講・到・飽！是的，完全就是愛講多久就講多久，這是因為在 1960 年代初期日本的家用電話普及率還很低，但後期的成長速度非常快，如果繼續提供無限講到飽，許多人可能會一輩子都黏在公共電話上了，日本電信電話公社才趕緊推出這項限制長舌的政策。

1 月／31 人壽保險之日（生命保険の日）

這一天會成為人壽保險之日的原因有點特別，因為並不

是這天有人簽下了日本第一份保單，而是有人收到日本首宗理賠的新聞上了報紙。1881 年（明治 14 年）7 月 9 日，日本第一家人壽保險公司：有限明治生命保險會社開始營業，第一個投保的是當年的知名科學家宇都宮三郎，過了半年之後保戶也才大約只有一千人。

1882 年 1 月 20 日，明治生命的保戶之一：神奈川縣的警部長川井久徵因為心臟病發作猝逝，當時他只繳了一期的保費 30 日圓，但明治生命卻在 1 月 27 日支付給遺屬全額的死亡保險金 1,000 日圓（約等於現在的四千萬日圓），這就是日本史上的第一宗壽險理賠。雖然這椿理賠讓明治生命損失不小，但報紙在 1 月 31 日對此事件的報導，讓全日本人不但知道人壽保險這個東西，也知道保險是真的會理賠的，因此 1 月 31 日就成為人壽保險之日。

2月（如月）

2月/1 電視放送紀念日（テレビ放送記念日）

日本在 1964 年於東京首次舉辦奧運，但其實東京早在
1940 年就有機會舉辦奧運，為了能在電視上播放東京奧運
的盛況，日本從 1930 年就開始研究電視訊號播送，沒想到
因為戰爭的關係，日本自己在 1938 年 7 月宣布不辦奧運，
再加上之後打得天昏地暗的二戰，讓日本的電視遲遲無法誕
生。

二戰結束後的 1953 年 2 月 1 日下午 2 點，日本放送協
會（NHK）東京放送局開始正式播送電視訊號，讓這天成
為電視放送紀念日。播完開台典禮後，第一天的開台紀念特
別節目是現場轉播的舞台劇《道行初音旅》，然後初音迷就
會說好棒喔，有初音耶，其實人家這個是歌舞伎啦，但也不
能說跟初音完全沒關係，因為這齣歌舞伎的全名通稱就叫做
千本櫻（初音未來的名曲）。

當時日本電視一天只播放四個小時，而整個電視台也只
有五台攝影機，戲劇演出則都是現場實況轉播，播放的內容
除了新聞和電影之外，很快地在 2 月 20 日出現了猜謎節目，
5 月出現大相撲，8 月的甲子園，8 月底出現日本職棒，之
後在 9 月 4 日與 5 日，更分別出現第一個連續劇和第一個綜
藝節目，而就在這一年的 12 月 31 日，出現了第一場電視轉
播的紅白歌合戰。此外，日本最初的電視收視戶只有 866 戶，
因為在大學畢業生起薪只有 8,000 日圓的那個年代，一台 14
吋的黑白電視要賣到 17 萬 5,000 日圓。

2月/2 雙馬尾之日（ツインテールの日）

2012 年 2 月，日本雙馬尾協會正式成立，他們在官網上的宣言寫道：「能讓人們回憶起那遙遠的、淡淡初戀的髮型，在日本還是存在的，也就是雙馬尾！男生正等待著雙馬尾，雙馬尾也正等待著女生，我們誓言，會將雙馬尾的魅力以全新文化的概念，竭盡全力推廣給所有世人！」聞者莫不動容涕零（編輯：並沒有），這協會同時也將 2 月 2 日訂為雙馬尾之日，很直白地直接用 2 這個數字來代表雙馬尾。

除了雙馬尾之日外，2 月 2 日這天也是知名輕小說與動畫《Re: 從零開始的異世界生活》裡的雙胞胎女僕：雷姆（胸大的那個）與拉姆（胸小的那個）的生日喔！由於雷姆教的信眾頗多（原因請參考前述），因此也有人將這天稱為雷姆之日。

對了，如果有人看到雙馬尾協會宣言覺得很頭痛的話，那麼恭喜你，因為頭痛的日文ずつう（Zutsuu）與數字 2、2 諧音，所以這天也是頭痛之日，你剛好可以慶祝一下。

2月/3 大豆之日（大豆の日）

日本人把各季節開始之日（立春、立夏、立秋、立冬）的前一天稱為節分，但從江戶時代開始，節分主要指的就是立春前一天，而在這天可以玩的東西很多啊，像是一邊喊著「鬼在外、福在內」，一邊把炒過的大豆由屋內往外撒（北

海道則因大雪不好撿豆子，所以改用帶殼落花生），或是吃下符合自己年齡數（多一顆也可以）的大豆，以祈求新的一年無病無災（阿嬤表示肚子很撐很不舒服），還有面向當年的吉位方向（日文稱為惠方）大吃海苔卷（也就是惠方卷）。

在這些活動當中，大豆扮演著重要角色，因為日本自古就認為大豆寄宿著神靈，能夠驅逐邪魔，也就是有著魔滅（不是鬼滅啊）的力量，魔滅（Mame）的發音也剛好與豆的日文まめ（Mame）相同，因此東京專門賣大豆的 Nichimo biotics 公司就將節分 2 月 3 日訂為大豆之日。

只是節分的日期是會變的喔，從 1985 年到 2020 年這 35 年間，節分的日期都是 2 月 3 日，但是 2021 年的節分是 2 月 2 日，這是從 1897 年（明治 30 年）起經過 127 年後節分首次落在 2 月 2 日，之後就在 2 月 3 日與 2 月 2 日之間跳動，因此跟著節分一起慶祝的海苔卷之日（のり巻きの日）也會一起變動。

女士制服之日
（レディース・ユニフォームの日）

相對於男生幾乎一成不變的西裝，大家是否對日本各行各業的女生制服感到印象深刻呢？無論是空姐、護士、百貨公司服務員，或是女僕咖啡廳的傲嬌店員（編輯：呃，你不大正常的興趣好像曝光了捏），她們的制服都必須看起來好看，帶給客人好印象，還要兼具機能性，在在展現出日本獨特的制服文化。

數家日本制服業者在 1999 年成立了女士制服協議會（Ladies Uniform Conference），並將 2 月 4 日訂為女士制服之日，因為此時正是立春時節，許多服裝業者會舉辦春夏展示會，此外制服的日文ユニフォーム（Yunifo-mu）裡有日文數字 2 與英文 Four 的諧音。從 2015 年起，女士制服協議會在 2 月固定舉辦最佳服裝公司賞，選拔出女生制服最好看的公司。

2月／5 皮卡丘之日（ピカチュウの日）

風靡全世界大人小孩、甚至還拍了好萊塢真人電影版的寶可夢，最初的遊戲出現於 1996 年 2 月 27 日（所以 2 月 27 日是寶可夢日 Pokémon Day），最早的動畫卡通則出現於 1997 年 4 月 1 日，那麼為何當家主角的皮卡丘之日會是 2 月 5 日呢？知道這個緣由的人，可算是貨真價實的寶可夢專家了，原來皮卡丘在《全國寶可夢圖鑑》裡的編號，正是 No.025 呢！順帶一提，皮卡丘的皮卡（ピカ）是日文閃亮的意思，丘（チュウ）則是老鼠的叫聲。

如果你看到皮卡丘走過來，變成皮卡乒乓乒乓而會開心微笑的話，你也可以在這天慶祝笑容之日（笑顏の日），因為微笑的日文ニコニコ（Niko niko）與數字 2、5 諧音。

2月/6 海苔之日（海苔の日）

1966 年，日本的全國海苔貝類漁業協同組合連合會（這名稱也太長了吧）將 2 月 6 日訂為海苔之日，為什麼呢？西元 701 年，第四十二代文武天皇頒布《大寶律令》，首度將海苔納入年度供品之一，但並沒有寫是哪一天，於是前面那個名稱落落長的團體，就將西元 701 年的第一天、也就是陰曆 1 月 1 日換算回陽曆，得到了 2 月 6 日這個日期，剛好這個時節也是海苔盛產的旺季，就順理成章地拿來做為海苔之日。

2月/7 鯽魚之日（フナの日）

茨城縣古河市的鯽魚甘露煮店組合在 2001 年將 2 月 7 日訂為鯽魚之日，原因超級簡單，因為鯽魚的日文フナ（Funa）與數字 2、7 諧音。鯽魚的日文漢字寫做鮒，是與日本庶民生活非常密切的魚類，日本有一句話「釣魚開始於鯽魚，也結束於鯽魚」，意思是指年紀小的時候，只能在家附近的小河釣鯽魚，慢慢地年紀較大，也開始四處亂跑，最後老了走不動了，還是在家附近的小河釣鯽魚吧。

除了釣魚之外，鯽魚也有許多料理方式，在此我也將珍藏多年的鯽魚食譜，拿出二道與大家分享。鯽魚咖哩飯：在煮好的咖哩飯上，放上一隻鯽魚即可。鯽魚烏龍麵：在煮好

二月

如月

的烏龍麵上，放上一隻鯽魚即可。（編輯：如果我沒猜錯，你應該也會做鯽魚滷肉飯和鯽魚義大利麵對吧）

針供養（針供養）

只要是東西，很少有不會用壞的（編輯：對，像是你的腦子），日本自平安時代以來一千三百年，對用壞的東西一直有著供養的儀式，也就是將用壞的物品送到神社寺院，對這些物品的貢獻致上感謝，讓它們歸還上天，因為他們相信使用多年的物品會有名為付喪神的神靈寄宿。日本現在有哪些供養呢？筆供養、扇供養、剪刀菜刀供養、人偶供養、眼鏡供養、錢包供養、名片供養、印章供養、信用卡供養，以及接下來要講的針供養。

針供養有千年歷史之久，日本人會將生鏽或折彎的針，在每年陰曆 2 月 8 日送至有供奉淡島神的神社寺院（例如東京淺草寺淡島堂）進行供養，因為古代這天是農業、裁縫等一年工作開始的日子，有些地方則會在陰曆 12 月 8 日一年農業終了之日進行針供養。進行針供養時，依循古例，寺院神社會準備一大～塊豆腐或蒟蒻，讓供養者將針插在上頭，形成非常有趣的畫面。

2月/9 漫畫之日（漫画の日）

手塚治虫出生於 1928 年，本名手塚治，從小學三年級就開始畫漫畫，之後一路唸書一路畫，並因熱愛昆蟲之故，而將筆名取為手塚治虫。年少時家住寶塚歌劇團附近的他，在 1945 年考上大阪帝國大學附屬醫學專門部，之後於 1952 年通過國家考試，並在 1953 年登錄為醫生，但這其間他從 1950 年起就已在雜誌上連載漫畫，之後陸續創作出《森林大帝》、《寶馬王子》、《原子小金剛》、《怪醫黑傑克》、《三眼神童》、《火之鳥》等膾炙人口且影響後世深遠的多部作品，被譽為日本漫畫之神，最後他在 1989 年 2 月 9 日以 62 歲之齡於東京病逝，日本知名的漫畫舊書店まんだらけ（Mandarake）就將他的忌日訂為漫畫之日。

除了漫畫之日，日文數字 2、9 的諧音ふく（Fuku）與日文的福、服、河豚同音，因此這天也是大福之日（大福の日，是指和菓子的大福），服裝之日（服の日）和河豚之日（ふくの日），此外 2、9 的諧音也可唸做にく（Niku），剛好與日文的肉同音，所以 2 月 9 日與每個月的 29 日都是肉之日（肉の日）。

2月/10 觀劇之日（観劇の日）

我們常把大正時代說成大正浪漫，因為這段期間的日本

充滿許多文人雅士，以及新導入的西洋戲劇。1911年（明治44年）2月10日，日本第一棟純西式大劇場在東京都千代田區丸之內三丁目建成，也就是帝國劇場（簡稱為帝劇），因此這天就成為觀劇之日。

帝國劇場在3月1日正式開幕，五個月後明治天皇去世，日本進入大正時代，帝國劇場也成為文藝要角，當時的三越還打出膾炙人口的廣告語「今天看帝劇，明天去三越」（今日は帝劇、明日は三越），揭示娛樂消費時代的來臨。多年之後，帝國劇場舊建築在1964年拆除，原址則於1966年建成第二代帝國劇場。

2月/11 建國紀念之日（建国記念の日）

大家知道在全世界這麼多的國家中，日本是從沒歷經改朝換代或外族掌權、一系傳承的最古老國家嗎？但是誰會知道日本的建國之日，是在幾千年前的確切哪一天呀？

根據完成於西元720年的《日本書紀》記載，日本第一代神武天皇即位的日子為「辛酉年春正月、庚辰朔」，亦即西元前660年的陰曆1月1日，換算成陽曆的話就是2月11日，因此明治天皇就在1873年（明治6年）將2月11日訂為紀元節。二戰結束後，駐日盟軍總司令部為了消滅日本君權神道文化，於1948年將此節日取消，但在1952年日本回復主權之後，昭和天皇又於1966年恢復紀元節，並將其改稱為建國紀念之日。

2月/12 胸罩之日（ブラジャーの日）

聰明的讀者一看就知道，這個胸罩之日絕非取自象形文字，否則應該會選擇 8 月 8 日（喂！）。胸罩之日是由日本內衣大廠華歌爾所訂定，原因來自美國女子瑪麗‧菲普斯‧傑考布（Mary Phelps Jacob）在 1913 年 2 月 12 日發明了現代胸罩的原型。

雖然很難想像，但日本女性的胸部確實是在逐年快速長大的！ 1980 年，日本超過一半的女生只有 A 罩杯，占了 58.6%，但是到了 2013 年，A 罩杯比例竟然只剩下 5.6%，C、D、E 罩杯合計卻占了 66.7% 呢。說到胸罩，有一位男士在一場舞會裡邀請一位女士跳舞，現場奏起悠揚的華爾滋樂曲，抱著女士背部的這位男士想展現自己的卓越知識，就說道：「嗯，這是華歌爾嗎？」（他太緊張，把華爾滋給說成華歌爾了！）只見這位女士嬌羞地說：「不，是黛安芬。」

2月/13 豐後高田市戀情實現路之日（豐後高田市恋叶ロードの日）

在情人節前夕的 2 月 13 日，位於大分縣的豐後高田市希望全日本的情侶與準情侶們，都能到他們這兒走一走，因為他們有條引以為傲的戀情實現路。

首先，兩人先到市區的昭和之町，享受滿滿昭和風情的建築與美食，之後驅車前往花與藝術的海岬：長崎鼻，這裡

 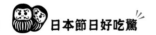

除了有披頭四約翰·藍儂遺孀小野洋子的藝術作品之外，春天還會盛開 2,000 萬枝油菜花，夏天則有 140 萬枝向日葵。接著二人開車沿路來到栗嶋公園，這兒有間以超強結緣能量著稱的神社：栗嶋社，而且這間神社對女生的祈願可說有求必應，還販售心型的鎖「愛鍵」，好讓二人把愛給牢牢鎖在一起。最後，二人攜手來到真玉海岸，這裡的夕陽會在平靜的海面閃爍餘暉中沉下，是日本夕陽百選之一，浪漫氣氛一舉達到最高點，這時候還不親下去，真是對不起列祖列宗啊（祖宗：呃，關我什麼事？），你說這麼棒的約會路線要到哪裡找呀，只是這條路又跟 2 月 13 日有什麼關係呢？

喔，這條路的正式名稱是國道 213 號。

2月/14 兜襠布之日（ふんどしの日）

嗄？ 2 月 14 日是情人節？情人節是什麼？能吃嗎？

從江戶時代到二次大戰期間，兜襠布一直是日本平民男性典型的傳統穿著，今天在相撲與各種祭典中也常能看得到，日本一群有志之士以「讓全日本每個人都穿上兜襠布」為目標，成立了日本兜襠布協會，他們在 2011 年將 2 月 14 日訂為兜襠布之日，原因來自於兜襠布的日文ふんどし（Fundoshi）與數字 2、10、4 諧音，至於剛好與情人節同一天這件事，該協會則表示「這正是兜襠布的奇蹟啊」，他們甚至鼓勵女生們應該在情人節這天把兜襠布當作禮物送給男生，但我認為比起收到兜襠布，男生應該會比較希望看到女

生穿上兜襠布。（喂！）

2月/15 糖果糕點之日（お菓子の日）

　　每個月的 15 日都是糖果糕點之日，而 2 月的糖果糕點之日因為緊接在情人節隔天，所以特別引人注意，但是糖果糕點之日的由來有點複雜，還得先從它們的日文菓子講起。

　　在最早的時候，菓子指的是水果，但後來在奈良時代與平安時代從中國傳來了糕點，日本人稱其為唐菓子，自此之後菓子（かし，kashi）指的就是糖果糕點，而真正的水果則叫做果物（くだもの，Kudamono），話雖如此，但日本人祭祀的菓子之神（也叫做菓祖）並不是製作糖果糕點的人，而是奉第十一代垂仁天皇之命，前往常世之國（海之彼岸）尋找非時香菓（橘子）的田道間守，他好不容易在十年後帶著橘子回來，卻發現天皇已經等不及先走了，就追隨天皇而去。

　　日本的全國菓子工業組合連合會在 1981 年將每個月的 15 日訂為糖果糕點之日，這來自菓子神社、也就是祭祀田道間守的神社，像是和歌山縣的橘本神社，以及兵庫縣的中嶋神社，他們的年度例大祭大多在 4 月的 15 日前後舉辦。

2月/16 寒天之日（寒天の日）

大家都知道，輕功的奧妙之處，就是能讓一個像海狗那麼重的人在天空飛，而且叫得像殺豬一樣，而電視的奧妙之處，則是可以讓一個原本無人聞問的老東西，瞬間變成幫你擺脫海狗身材的瘦身聖品，這個東西就是寒天。

寒天類似我們所說的洋菜，二者都出自海藻，但日本的原料與製作過程則與我們有些許不同。長野縣寒天水產加工業協同組合在 2006 年將 2 月 16 日訂為寒天之日，因為在 2005 年的 2 月 16 日這天晚上 8 點，NHK 電視節目介紹寒天是個超級棒的天然健康食品，結果隔天一早，各家生產寒天的老舖電話馬上接不完，每個人都想購買既健康又能瘦身的寒天，而讓寒天從夕陽商品搖身一變成為黃金商品。

2月/17 扭蛋之日（ガチャの日）

擁有各式各樣主題的扭蛋，為我們的生活增添許多小小的幽默與收藏樂趣，堪稱是日本的代表性商品之一，但是它的起源卻遠在太平洋的另一端。1880 年代，美國開始出現投幣型的自動販賣機，最初販賣各種顏色的口香糖，之後演變成也有各式便宜的小玩具，並在美國大為風行。1965 年 2 月 17 日，株式會社 Penny 商會成立，並在同年將美國的扭蛋機進口輸入日本，開啟了日本扭蛋的歷史，因此 Penny 公

司就將他們的公司創設日訂為扭蛋之日。

　　1965 年 Penny 公司所設置的扭蛋機上，寫著只要 10 日圓就可以收集全世界的玩具，在經過半世紀之後，現在玩一次扭蛋機已變成 100 日圓起跳，但日本扭蛋機的市場規模也達到每年 400 億日圓，每個月大約會有 250 種新的扭蛋玩具上市。

2月／18　方言之日（方言の日）

　　日本各地的方言與腔調真的超級多，許多方言也常讓外人難以聽懂，因為日本是個多山地形複雜的國家，據說古代由於交通不便，語言的傳播速度每年大概只有 600 公尺到一公里，再加上藩國各自林立，才造就出這麼多的方言，但隨著時代演變與交通便捷，各地的獨特方言近年來也逐漸沒落，甚至有消失的危機。

　　位於日本九州最南端的鹿兒島縣，行政區域包含海上的離島，整個縣的南北距離長達 600 公里，其中的大島區包含了奄美大島、喜界島、德之島、沖永良部島和與論島，而這些島都擁有各自的方言。2007 年，為了呼籲大家重視方言的保存與傳承，大島區將 2 月 18 日訂為他們自己的方言之日，這來自與論島方言中的言葉（語言）二字唸做フトゥバ（Futwuba），與數字 2、10、8 諧音。雖然最初是鹿兒島縣大島區的方言之日，但現在已演變為全國性的方言之日，這天大家都會在網路社群上曬自己家鄉的方言。

2月/19 泡芙之日（シュークリームの日）

我們經常吃的甜點泡芙，英文叫做 Cream puff，但是日文稱之為シュークリーム（Syu-kuri-mu），這源自於法文的 chou à la crème，因為發音與日文數字的 19（Jyukyu）相近，日本的泡芙大廠株式會社 Monteur 就將每個月的 19 日訂為泡芙之日。

每個月的 19 日除了是泡芙之日，同時也是可麗餅之日（クレープの日）與松阪牛之日（松阪牛の日），至於為何都是吃的，這絕對不是我的問題，有意見就去找日本人啊！(喂!)因為數字9的長相與做好的可樂餅圈起來的模樣很像，所以每個月的 9 日、19 日、29 日都是可樂餅之日，而松阪牛則是因為日本在 2002 年 8 月 19 日開始導入個體識別管理系統，確保不會發生混充松阪牛的情況，因此相關業界就將每個月的 19 日訂為松阪牛之日。

2月/20 歌舞伎之日（歌舞伎の日）

日本引以為傲的國粹歌舞伎，無論男角女角清一色都由男生演出，但歌舞伎的創始者卻是一位女生？西元 1572 年，阿國出生於出雲國（島根縣），自幼年起即在當地歷史最悠久的出雲大社擔任巫女，長大後為了幫出雲大社募款，就開始巡迴各地演出跳舞。在當年，日本人把打扮花俏的特立獨

行人士稱為傾奇者（かぶきもの，Kabukimono），而阿國的舞姿也與一般人平日所見非常不同，所以被叫做傾奇舞（かぶき踊り，Kabukiodori），這かぶき後來就演變成為同音的歌舞伎。

2月20日是歌舞伎之日的原因，據說是在1607年陰曆2月20日這天，阿國首次於江戶城公演，另有一說在這天演出時，觀眾席上還有大將軍德川家康與諸藩國大名，但並沒有確切的資料。

除了歌舞伎之日外，這天也是夫婦圓滿之日（夫婦円満の日），因為2月20日可以寫成220，夫婦的日文ふうふ（Fuufu）裡有數字2、2的諧音，至於0呢，則代表圓滿的意思囉。

2月/21 漱石之日（漱石の日）

啊！曾有那麼一段時光，我超愛夏目漱石der，因為在日本經濟最瘋狂的1984年到2007年之間，他就是千元日鈔上的人物。

日本大文豪夏目漱石出生於1867年2月9日，本名夏目金之助，筆名漱石則意喻高潔之士的隱居生活，出自中國魏晉時代《世說新語》一書中的「漱石枕流」。夏目漱石從23歲開始寫作，39歲才在1905年發表處女作《我是貓》而一舉成名，最後於1916年12月9日以50歲之齡去世，所以漱石之日並不是他的生日或是忌日，那麼到底是怎麼來

的？原來在 1911 年（明治 44 年），日本的文部省（相當於教育部）頒發文學博士學位給夏目漱石，但他在 2 月 21 日這天晚上寫了封信向文部省婉拒，漱石之日就是這麼來的。

2月/22 貓咪之日（貓の日）

話說我認識一隻會說外國話的狗，每次要牠說句外國話來聽聽時，牠就會說「喵～」。剛剛才談完寫出《我是貓》的夏目漱石，正好接著來講貓咪之日，早在西元 889 年，第五十九代宇多天皇就在日記寫下他有多愛他家的黑貓，如果不當天皇的話，他應該會騎著掃帚去做宅急便（喂！），而貓也是日本數量最多的寵物，根據 2019 年日本貓狗飼育調查資料，日本大約有 700 萬個家庭飼養 879 萬隻狗狗，但家貓卻多達 977 萬隻，只是養貓的家庭大多不止養一隻貓，因此戶數就沒有養狗的多。

1987 年，日本的寵物食品工業會經過公開募集活動後將 2 月 22 日訂為貓之日，原因來自日文的貓叫聲寫法為ニャン（Nyan），與 2 有諧音，因此有三個 2 的 2 月 22 日，就可變成貓咪「ニャンニャンニャン」的叫聲。但話說回來，為何我們的貓叫聲是「喵～」，日本的貓叫聲卻是「Nyan～」？嗯，這很簡單，啊就人家的貓說的是日本話咩。（編輯：你喵的）

除了貓之日，2 月 22 日也是日本最具代表性的忍者之日，因為忍者成天掛在嘴上的「忍！忍！忍！」（Nin nin

nin）發音也與 2、2、2 諧音。

富士山之日（富士山の日）

　　我曾在 2001 年登上富士山頂，得以一睹知名的富士雲海日出美景，但也從此得了只要一爬山就會死掉的病，既然有富士山之日，當然得來介紹一下。在網路剛剛興起的 1996 年，日本一個網路討論區「山之展望與地圖論壇」首次將 2 月 23 日訂為富士山之日，原因在於富士山的日文ふじさん（Fujisan）剛好與數字 2、2、3 諧音，之後富士山所在的靜岡縣與山梨縣，也同樣將 2 月 23 日訂為富士山之日。

　　從 2020 年起，2 月 23 日成為日本最新的國定假日，但與富士山無關，而是因為這天是天皇德仁的生日。西元 775 年，第四十九代光仁天皇仿效中國唐玄宗的做法，將自己生日稱做天長節，天長二字來自《老子》一書的「天長地久」，之後天長節在 1868 年（明治元年）被日本政府訂為國定假日，再於 1948 年改稱為天皇誕生日，現在的天皇德仁在 2019 年 5 月 1 日繼任之後，天皇誕生日就在 2020 年從 12 月 23 日變成 2 月 23 日。

　　那麼除了天長節之外，也有地久節嗎？答案是有的。從 1931 年起，皇后的生日就是地久節，同樣在 1948 年被改稱為皇后誕生日，因此 12 月 9 日就是現在的雅子皇后生日，但並不是國定假日喔。

2月/24 月光假面登場之日
（月光仮面登場の日）

　　說到時下最夯的超級英雄，美國的超人出現於 1938 年，蝙蝠俠出現於 1939 年，美國隊長登場於 1941 年，那麼日本第一位超級英雄是誰呢？

　　歷經數百年的劍豪浪人與武將傳說之後，日本第一位超級英雄月光假面在 1958 年 2 月 24 日於黑白電視上現身，因此這天就是月光假面登場之日。月光假面披著外白內黑的斗篷，手持雙槍，全身穿著白色緊身衣，頭戴有著新月符號的白頭巾，口鼻戴著白面罩，最重要的眼睛部位則是一副超時髦的白框墨鏡。月光假面與警察和私家偵探祝十郎共同對抗邪惡組織骷髏假面，在當年廣受歡迎，也成為日本超級英雄的鼻祖。順帶一提，我們現在熟悉的蜘蛛人出現於 1962 年，鋼鐵人則出現於 1963 年，都比月光假面還要來得晚呢。

2月/25 惠比壽之日（ヱビスの日）

　　日本有個知名啤酒品牌叫惠比壽（YEBISU BEER），東京澀谷有個地名叫惠比壽，山手線與地下鐵也都有個惠比壽站，但你知道其實這些都是有關連的嗎？

　　1890 年（明治 23 年）2 月 25 日，日本麥酒釀造會社開始販售惠比壽啤酒，原本他們打算使用日本七福神之一的大黑天來作為品牌，卻發現橫濱有人提早一步在賣大黑啤酒，

只好摸摸鼻子，改用另一位七福神惠比壽來賣啤酒。生產惠比壽啤酒的工廠就位於東京澀谷，1901 年時，日本鐵道品川線（現在的山手線）在此開設貨物車站好搬運出貨的啤酒，這車站就叫惠比壽停留所，這天剛好同樣也是 2 月 25 日，於是 2 月 25 日就成為惠比壽啤酒的命中註定之日。在那之後的 1906 年 10 月 30 日，貨物車站旁增設了搭乘旅客的惠比壽站，人們即開始稱呼附近一帶為惠比壽，1928 年出現惠比壽通 1 丁目的町名，最後在 1966 年 7 月 1 日這天，周遭的地名正式統稱為惠比壽。

貼心警語：飲酒過量，常會讓人在重要時刻做出悔恨終身的錯誤決定，詳情請洽身邊的已婚同事或親友，謝謝。

2月／26　包裝之日（包むの日）

包裝可以用在許多地方，但這裡主要是指禮物、禮品的包裝，2 月 26 日之所以是包裝之日，原因來自日文「包」的動詞つつむ（Tsutsumu）與數字 2、2、6 諧音。

日本人對包裝的講究可不是現代才有，早在鐮倉時代與室町時代，日本就已發展出各種嚴格的禮法，詳細規範各種物件包裝的形式，此外庶民常用的風呂敷布巾，也能將各種外型和大小的東西包裝起來，最後形成日本特有的包裝文化。根據我基於科學精神所做的研究，女生喜歡使用各種美麗或高雅的包裝紙、飾品與緞帶，把禮物給包裝起來，而男生則喜歡女生使用緞帶，把自己當成禮物給包裝起來。

二月　如月

2月/27 冬之戀人之日（冬の恋人の日）

2003 年，韓劇《冬季戀歌》在日本播放，不但捲起一股強大的韓流，歐巴裴勇俊的微笑更是迷倒日本無數歐巴桑（歐巴迷倒歐巴桑，好詩，好詩）。不知為什麼，在嚴寒的冬天裡，似乎非常適合孕育愛情，大家都知道 2 月 14 日是情人節，3 月 14 日是白色情人節，大概是為了多做點生意吧？日本的婚姻顧問們特地選定情人節與白色情人節正中間的一天、也就是 2 月 27 日，將其訂為冬季戀人之日，希望大家在冬天裡能夠多多戀愛，多多結婚，而且每個人最好都能多結幾次。（不好意思，最後這句是我自己加的）

2月/28 混蛋之日（バカヤローの日）

相信大家都知道八嘎牙路（バカヤロー，Bakayaro）是日文罵人混蛋、混帳東西的話，漢字寫作馬鹿野郎，馬鹿是笨蛋、蠢的意思，而 2 月 28 日之所以會變成混蛋之日的原因，嘛，同樣也有點笨笨的。

1953 年 2 月 28 日，日本首相吉田茂在眾議院接受議員西村榮一質詢，雙方一來一往氣氛火爆，氣不過的吉田首相忍不住小小聲嘀咕了一句「バカヤロー」，聽到這句話的西村議員立即大罵「什麼混蛋！混蛋是什麼意思！」結果呢，眾議院在 3 月 14 日通過了內閣不信任案，同時也在當天解

散以進行改選，這次的眾議院解散就被日本人稱為混蛋解散（バカヤロー解散），而爆發混蛋事件的 2 月 28 日，也順理成章地成為混蛋之日。

2月/29 圓滿離婚之日（円満離婚の日）

面對每四年才會出現一次的日子，要拿來幹嘛好呢？專門舉辦「離婚式」的寺井廣樹決定將這天訂為圓滿離婚之日，原來日本每年最多人選擇在 3 月離婚，廣樹希望大家在這 3 月前的最後一天，好好想想結婚和離婚的意義，就算要離婚，大家也要快樂幸福，福的日文ふく（Fuku）與 2、9 諧音，2‧29 就代表二個人都幸福，圓滿離婚之日就這麼訂下來了。廣樹雖然專門幫人舉辦快樂的離婚式，但也有些人在離婚式中，因為氣氛感染或是現場眾親友的勸說，當下就決定不離了，但我想錢應該還是得乖乖照付。

其實這天並不是只有離婚可談，在古早的英國蘇格蘭與愛爾蘭等地，傳統都只有男生向女生求婚，唯獨只有在四年一度的 2 月 29 日這天，女生可以向喜歡的男生求婚！而且男生不能拒絕！蘇格蘭女王瑪格麗特在 1288 年頒布了上述這條法令，如果男生真的拒絕的話，那麼他就會被處以罰款，或是補償求婚女生一個親吻。嗯，如果這時候男生還向那個求婚女生借錢的話，不知道會不會被揍？（編輯：應該不是被揍，而是會被揍死）

3月（彌生）

3月／1　美乃滋之日（マヨネーズの日）

你喜歡美乃滋嗎？超級喜歡的人，通常脾氣火爆還有嚴重菸癮，偶爾也會變得十足宅男，並說出「我覺得一旦工作就是輸了」或「出包超有趣」之類的話（詳情請看《銀魂》），但大家知道我們口中的美乃滋或馬由內滋，原文竟然是法文 Mayonnaise 嗎？（讀者：不知道，因為我們沒像你這麼無聊）1804 年，一位旅人寫下他在巴黎吃到 mayonnaise de poulet，也就是美乃滋烤雞，這是文獻上首次出現美乃滋的文字，之後美國也在 1907 年開始賣美乃滋。

中島董一郎出生於 1883 年，1912 年他在美國首次接觸到美乃滋，回國後就努力研發，終於在 1925 年（大正 14 年）3 月 9 日開始販售全日本第一個國產美乃滋產品，這就是日本知名美乃滋品牌小天使丘比（Kewpie）的起源。看到這裡，大家有沒有覺得哪裡怪怪的？照理來說，美乃滋之日應該是 3 月 9 日呀，怎麼會變成 3 月 1 日呢？原來丘比公司為了紀念這日本第「一」的創舉，才故意把日期訂為 3 月 1 日。

3月／2　相遇之日（出会いの日）

目前地球上總共有 78 億人口，每個人遇到另一個人的機率，都是 78 億分之一乘以 78 億分之一（除了債主、房東跟老闆之外，不知為什麼，要遇到他們的機率似乎非常高哪），而最適合慶祝相

遇的日子，自然就是 3 月 2 日囉！好，問題來了，為什麼是 3 月 2 日？這真的是超級腦筋急轉彎，理由是這樣的：3 就是み（Mi），2 就是つ（Tsu），把 3 和 2 連在一起，日文唸起來就是みーつ（Mi-tsu），請各位唸唸看，是不是跟英文的相遇 Meets……很像啊？……。（貓在鋼琴上昏倒了！貓口吐白沫了！）

雛祭（雛祭り）

　　古早的日本認為奇數為吉，因此陰曆的 1 月 7 日（人日）與三三、五五、七七、九九都是重要的節日，合稱為五節句，其中陰曆 3 月 3 日適逢桃花盛開時節，也被稱做桃之節句。據說從平安時代開始，人們就有在這天將各種邪氣災厄隨著人偶（日文叫做形代）放水流的習慣，叫做流し雛（ながしびな，Nagashibina），這人偶最初只是個小紙片，但之後越做越加精緻豪華，大家捨不得放水流了，就放在家裡擺飾，雛祭也就在江戶時代成為祈願家中女孩健康成長的節日。

　　雛祭的主角：雛人形，自古就是母親為出嫁女兒準備的嫁妝之一，最上排的一男一女人偶，則代表日本天皇與皇后，寓意希望女兒的婚姻能像天皇與皇后般幸福美滿，至於太晚收拾雛人形，女孩未來就會晚婚的說法，大約是出現在昭和初期。

　　3 月 3 日除了是雛祭之外，日本抓娃娃機協會也將這天訂為抓娃娃機之日（クレーンゲームの日），為什麼？你看

3 這個字的長相，應該就知道啦！對了，這個協會還有舉辦抓娃娃機達人檢定呢。

三姐妹之日（三姉妹の日）

在日本有個三姐妹總合研究室，但並不是由三個姐妹所創設，而是專門在研究「三姐妹」這件事（真的）。研究室創始人、同時也是日本唯一的三姐妹研究家優慧太，深深著迷於嚴格的長女、自由的次女、撒嬌的三女這樣的三姐妹組合，甚至還出版一本專書《長女・次女・三女 令人感到不思議的三姐妹》，因為三姐妹的日文唸做さんしまい（Sanshimai），剛好有數字 3、4 的諧音，因此三姐妹總合研究室就在 2011 年將 3 月 4 日訂為三姐妹之日。

除了三姐妹之日外，日本頭巾協會也將這天訂為頭巾之日（スカーフの日），理由雖然有趣，但也蠻合乎邏輯的：頭巾摺起來使用的時候是「三」角形，攤開來看則是「四」角形，所以就用 3 和 4 所組成的 3 月 4 日來作為頭巾之日。

空姐之日（スチュワーデスの日）

1931 年（昭和 6 年）2 月 5 日，東京航空運輸社召募 Air Girl、也就是空中小姐，總共來了 140 人報考，之後東京航空運輸社在 3 月 5 日公布三位入選者名單，分別是 19 歲

 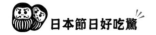

的本山英子、和田正子，以及 18 歲的工藤雪江，日本最初的空姐自此誕生，因此 3 月 5 日就成為空姐之日。這三人從 4 月 1 日開始上班，為水上飛機的 6 名旅客介紹風景和倒咖啡，報紙稱她們為空中麗人，但是在 4 月 29 日拿到薪水袋時，她們赫然發覺薪水怎麼少得嚇人，就一起辭職不幹了，東京航空運輸社只得再重新招人並調升薪資。（編輯強烈建議 4 月 29 日應該訂為辭職不幹之日）

　　除了空姐之日外，因為巫女的日文みこ（Miko）與數字 3、5 諧音，所以這天也是巫女之日（巫女の日）。日本的巫女是指侍奉神明的女性，幾乎每間神社都有，她們黑長直髮、白小袖、紅褲裙的夢幻造型組合，成為日本神社絕美的景緻之一。

世界一周紀念日（世界一周記念日）

　　這裡所說的世界一周，是真的繞著整個地球飛行一周。1947 年 6 月，美國的泛美航空首創世界一周航線，也就是同一架飛機繞著地球飛行停駐世界各地，繞一圈後再回到原出發地，日本則是在二十年後的 1967 年 3 月 6 日中午 12 點半，日本航空 DC-8 型客機在小雨中從羽田機場起飛，才開始飛行世界一周航線，因此這天就成為世界一周紀念日。

　　根據當時的資料，繞著地球飛行一圈全程的距離為 38,290 公里，所需總時間 58 小時 55 分鐘，其中飛行時間為 44 小時 20 分鐘，全程飛行一周的機票費用則是 46 萬 3,550

日圓，但這條路線在五年後的 1972 年就結束營運了。

消防紀念日（消防記念日）

從 1601 年到 1867 年這 267 年間，居民密集又都是木造房屋的江戶城總共發生過 1,798 次火災，平均每年得燒上快七次，因此日本很早就建立了縝密的消防制度，在江戶時代負責救火的人叫做火消，進入明治時代後則改稱為消防組，福井縣甚至在 1914 年（大正 3 年）出現過只有女生組成的消防組，但這時的消防作業都還是歸警察管理的。二戰結束之後，日本在 1948 年 3 月 7 日開始實施消防組織法，將消防隊從警察組織分割出來，確立了現在的消防制度，因此日本國家消防廳就在 1950 年將 3 月 7 日訂為消防之日。

此外，3 月 7 日也是魚之日（さかなの日），這來自魚的日文さかな（Sakana）裡有數字 3、7 的諧音。日本人自古就愛吃魚，但在 2001 年後，日本人魚肉吃得越來越少，現在甚至吃肉已經多過吃魚，而讓許多人感到憂慮。

電扶梯之日（エスカレーターの日）

日本最早的電扶梯，是 1914 年（大正 3 年）3 月 8 日在東京大正博覽會進行試運轉的電扶梯，地點則位於東京上野公園，電扶梯之日即由此而來，當時這座電扶梯的行進速

度約為秒速 30 公分，而且搭乘一次就要收費 10 錢（當年吃碗蕎麥麵的價格是 4 錢）。

　　過沒幾個月後的 10 月 1 日，三越吳服店（現在的三越百貨）新館在日本橋落成，並在館中一樓到二樓之間建了全日本第一座室內電扶梯，三越還在電扶梯旁配置年輕男服務員協助顧客，之後不少百貨公司也有樣學樣，但更改為電扶梯女孩 Escalator Girl，這樣的做法一直延續到 1960 年代。

紀念郵票紀念日（記念切手記念日）

　　是的！紀念郵票也有自己的紀念日喔！1894 年（明治 27 年）3 月 9 日，日本史上第一套紀念郵票問世，因此這天就成為紀念郵票紀念日，但這套郵票之所以會出現，竟然是因為歪果仁、不，外國人的緣故？

　　1868 年（明治元年）11 月，明治天皇創下 530 年來的創舉，離開京都來了趟東京浪漫之旅，之後他在 1869 年 1 月 20 日離開東京，2 月 3 日返抵京都，然後就在 2 月 9 日娶了大他 3 歲的一条美子為皇后。一轉眼時間來到 25 年後的 1894 年，也就是明治天皇與昭憲皇后的結婚 25 週年慶（銀婚），但當時的日本人還沒有紀念郵票的概念，反倒是住在日本的外國人很希望日本政府能發行紀念郵票，於是就投書報紙，結果竟然真的讓日本政府動了起來，在遞信大臣黑田信隆的命令下，所有人日夜不眠全體趕工，僅僅花了一個月時間，就及時地在 3 月 9 日天皇銀婚式這天推出紀念郵票。

嗯，像這樣有紀念意義的紀念郵票發行日，還真的很值得紀念呢，但我查了一下，這一百多年前的紀念郵票，未使用過的只要數千日圓就能買到喔。

　　由於諧音的緣故，3 月 9 日還有許多的梗，像是日文的 3、9 可以唸成 San-Kyu，很像英文的 Thank you，因此就成為感謝之日（感謝の日），3、9 也可以唸做 Miku，與日文的未來二字同音，所以也是初音未來之日（ミクの日），但是初音未來的生日則是在 8 月 31 日。還有還有，3、9 又可以唸做 ZaKu，所以這天也是史上最強最知名的雜魚：《機動戰士鋼彈》中的薩克之日（ザクの日）啊。

3月／10 仙人掌之日（サボテンの日）

　　位於岐阜縣瑞穗市的岐孝園公司，號稱擁有世界最大的仙人掌種植園區，同時也供應全日本九成的仙人掌市場，他們將 3 月 10 日訂為仙人掌之日，為什麼是這天呢？仙人掌的日文是サボテン（Saboten），裡頭有 3 的諧音 Sa，但是 10 在哪裡？喔喔，請你換成 10 的英文 Ten，就找得到諧音了。

　　說到仙人掌，知名的日式炸豬排連鎖店：勝博殿，日文的原本名稱就是仙人掌，這源自創辦人田沼文藏在從學校食堂跨入餐廳領域之際，他想起夫妻二人曾在海外沙漠看過仙人掌，只需少少的水就能存活，具有不屈服於各種惡劣環境的堅強生命力，於是就將 1966 年在東京新宿開設的第一家

餐廳命名為仙人掌。

此外，因為日文的佐藤與砂糖都唸做さとう（Satou），與數字 3、10 諧音，因此這天也是佐藤之日和砂糖之日喔。

3月/11　生命之日（いのちの日）

2011 年日本東北 311 大地震之後，日本雅虎在 2017 年與 2019 年分別於東京銀座與澀谷刊出一幅超高的戶外廣告，這幅高約 30 公尺的白底黑字純文字廣告內容寫道「……那一天，岩手縣大船渡市所觀測的海嘯最高達到 16.7 公尺，如果那海嘯來到這裡，剛好就是這麼高……」，其中的「剛好就是這麼高」這一段文字，就位於 16.7 公尺的高度，還特別以紅色線條白文字的方式呈現，像極一道記憶的血痕。

311 大地震總共造成近一萬六千人死亡，約二千六百人失蹤，是日本在二戰之後傷亡最慘重的天然災害，造成其中九成傷亡的原因就是地震所帶來的海嘯。日本的災害時期醫療研討會將 3 月 11 日訂為生命之日，一方面希望大家要重視生命的寶貴，另一方面也不希望震災帶來的教訓隨風而逝，前面所說的那則廣告同樣在最後說道：「災害並不是可能會再發生，而是一定會再度發生……不要忘記那一天，防災絕對是第一優先」。

3月/12 錢包之日（サイフの日）

明明是一樣的數字，但因為不同的諧音唸法，就可以變成完全不同的意義。日本的錢包生產商 Style 株式會社將 3 月 12 日訂為錢包之日，因為錢包的日文さいふ（Saifu）與數字 3、1、2 諧音，但如果把 2 的諧音換成另一種唸法，就可以變成サイズ（Saizu），也就是從尺寸的英文 Size 轉換為日文的發音，所以內衣大廠華歌爾就將這一天也訂為尺寸之日（サイズの日）。

3、1、2 諧音還有一種玩法，但是得多拐二個彎。3 的英文 Three 寫成日文是スリー（Suri-），有個ス（Su）的音，2 的英文 Two 寫成日文是ツー（Tsu-），則有ツ（Tsu）的音，中間再加上個 1（イ，i），三者合體就會變成スイーツ（Sui-tsu），講到這兒你猜出來了嗎？對！就是英文的甜點 Sweets！日本的甜點公司 Super Sweets 株式會社基於這樣的緣故，在 2008 年將 3 月 12 日訂為甜點之日（スイーツの日）。

3月/13 三明治日（サンドイッチデー）

日本關於三明治的節日有二個，一個是 11 月 3 日的三明治之日（サンドイッチの日），這來自發明三明治的第四代三明治伯爵約翰・孟塔古（John Montagu）的生日，順便

三月
彌生

跟大家說一下，真的有三明治伯爵（Earl of Sandwich）這個爵位喔，這是英皇查理二世在 1660 年所創設的爵位，而另一個三明治日就好玩多了。日本人習慣把三明治サンドイッチ（Sandoicchi）簡稱為サンド（Sando），而 3 月 13 日可以寫成 313，也就是サンド 1，意即 3 把 1 給夾起來、給三明治了，所以就是三明治日。

此外，3 月 13 日也是 Peyoung 醬汁炒麵之日（ペヤングソースやきそばの日），因為這款泡麵是從 1975 年 3 月 13 日開始發售的。廠商 MARUKA 食品說，以前泡麵很貴，他們希望二個感情很好的年輕人能共吃一碗麵，所以就將 Pair 與 Young 二者合一成為品牌名稱 Peyoung。

Peyoung 醬汁炒麵原本是正常的泡麵，每碗熱量 544 仟卡，2004 年時他們發售超大碗炒麵，熱量達到 1,081 仟卡，大概市場的反應很好吧？接下來就開始不大正常了（稱讚的意味）。2018 年，MARUKA 推出超超超大碗 GIGAMAX 醬汁炒麵，盒蓋標示總熱量有 2,142 仟卡，MARUKA 還註明「一天請最多只吃一份，否則可能會超過卡路里攝取標準」，2020 年他們更加碼推出超超超超超超大碗 PETAMAX 醬汁炒麵（對，你沒看錯，真的有六個超），總熱量達到不可思議的 4,184 仟卡，沖泡得用掉 2.2 公升的熱水，但幸好沖泡時間依然還是不變的三分鐘。

3月 **14** 國際結婚之日（国際結婚の日）

　　大家知道近代日本登記在案的第一宗異國婚姻是誰嗎？呃，不是末代武士的湯姆克魯斯與小雪，而是南貞助先生與艾里莎小姐。1871 年，25 歲的南貞助伴隨日本皇室嘉彰親王前往英國留學，在倫敦結識了 23 歲的艾里莎（Eliza Pittman），然後二人就在 1872 年 9 月 20 日於英國結婚，之後日本政府在 1873 年 3 月 14 日頒布日本人與外國人結婚的相關規則，並在同年 6 月 3 日認可南貞助與艾里莎的結婚，讓這樁婚事成為日本近代法律下的第一號國際婚姻，國際結婚之日就是這麼來的。事實上在南貞助之前，還有一位政府官員尾崎三良在 1869 年與英國女子芭夏（Bathia Catherine Morrison）於英國結婚，但因為他向日本政府提出申請的日期是 1880 年，所以就沒成為第一號，只是呢，尾崎三良在 1881 年離婚，南貞助也跟著在 1883 年離婚。（啊嘎？）

　　除了國際結婚之日外，這天也是圓周率之日（円周率の日），理由應該不用我多說吧？所以這天也是數學之日，也是 π 之日，同時具有如圓周率般永遠數之不盡，又像圓形一樣的完美的意涵，因此是個宣示永恆之愛的好日子喔。不過因為這天是「白色」情人節的緣故，所以也成為日本化妝品業者的美白日（美白デー）。

3月/15 橄欖之日（オリーブの日）

從江戶時代開始，日本人就嘗試種植原產於歐洲地中海的橄欖樹，神戶在 1878 年（明治 11 年）試種橄欖樹時，還把橄欖樹寫成同音的日文漢字「阿利襪」，之後日本政府在 1908 年於香川縣小豆島開始種植橄欖樹並獲得成功，小豆島即成為日本重要的橄欖產地，並被譽為日本的橄欖發祥之地。

1950 年 3 月 15 日，熱愛植物的昭和天皇前來小豆島巡訪，親手在當地種下一顆橄欖種子，因此小豆島的守護橄欖會就在 1972 年將這天訂為橄欖之日，而昭和天皇當年埋入土中的這顆種子，如今已長成一顆巍然蒼翠的大樹。

3月/16 國家公園指定紀念日 （国立公園指定記念日）

1931 年（昭和 6 年）日本頒布國立公園法，之後就依據這條法令，在 1934 年 3 月 16 日將瀨戶內部分地區，橫跨長崎、熊本、鹿兒島三縣的雲仙地區，以及橫跨鹿兒島縣與宮崎縣的霧島地區等三處，設立為國家公園，日本最初的國家公園就此誕生，而這天也成為國家公園指定紀念日。

許多人可能不知道，日據時代的台灣，也有三個地方在 1937 年 12 月 27 日被指定為日本的國家公園喔！分別是大屯國家公園（現在的陽明山、北海岸與觀音山），次高太

魯閣國家公園（包含太魯閣與當時被日本人稱做次高山的雪山），以及新高阿里山國家公園（包含阿里山，以及當時被日本人稱為新高山的玉山）。

3月/17 漫畫週刊之日（漫画週刊誌の日）

日本之所以會成為動漫王國，漫畫週刊占有極其重要的地位，《週刊少年 Jump》1995 年 3、4 月合併號更曾創下總發行數 653 萬本的世界紀錄，而這一切的源頭就來自 1959 年 3 月 17 日。這一天，講談社發行了第一本少年漫畫週刊《週刊少年 Magazine》，讓這天成為週刊漫畫之日，雖然一開始漫畫占的比例很低，創刊號封面還是濃眉相撲力士朝汐太郎打赤膊露胸毛抱個小男孩的照片，但日後知名的《巨人之星》、《小拳王》、《鬼太郎》、《好小子》、《天才小釣手》、《金田一少年事件簿》、《將太的壽司》全都出自這本週刊。

緊接在《週刊少年 Magazine》之後，小學館也在 4 月 5 日發行《週刊少年 Sunday》，之所以取名 Sunday，是因為第一代總編希望讀者在閱讀時能擁有如星期天一般的放鬆氣氛──雖然發售日是在星期二（現在是星期三），創刊號封面則是巨人隊球星長嶋茂雄。至於《週刊少年 Jump》則是集英社在 1968 年 7 月 11 日開始發行，最初是雙週刊（所以一開始只叫做《少年 Jump》），到 1969 年 10 月才變成週刊，而他們的口號就是友情、努力與勝利。

3月/18 導盲磚之日（点字ブロックの日）

我們非常熟悉的人行道導盲磚，你知道是日本人發明的嗎？三宅精一出生於 1926 年，長大後成為企業家與發明家，某天他看見一位盲人手持白杖穿越馬路的危險景況，就從 1963 年起開始研究如何讓盲人可以安全行走，之後他在 1965 年發明出導盲磚，並於 1967 年 3 月 18 日自費在岡山盲學校附近的十字路口鋪設了 230 塊導盲磚，這就是全世界最早出現的導盲磚。之後三宅精一於 1982 年病逝，但導盲磚已普及到日本全國與全世界，而最初鋪設導盲磚所在的岡山縣視覺障害者協會，就在 2010 年將 3 月 18 日訂為導盲磚之日。

3月/19 假髮之日（ウィッグの日）

日本的新科技假髮大廠愛德蘭斯將 3 月 19 日訂為假髮之日，雖然理由也很特別，但並不會讓人想翻茶几摔板凳，反倒還覺得挺可愛的。假髮的英文是 Wig，愛德蘭斯說，如果你把 3 這個數字給順時鐘轉個 90 度，接著後面再放上 1、9 二個數字…你看，這不就是個 Wig 嘛。

除了假髮之日，日本音樂家工會也在 1991 年將 3 月 19 日訂為音樂之日（ミュージックの日），來自音樂的日文ミュージック（Myu-zikku）裡有數字 3、1、9 的諧音。

3月/20 防曬之日（日やけ止めの日）

生產防曬保養品安耐曬（ANESSA）的資生堂公司，在 2014 年將 3 月 20 日訂為防曬之日，一方面是在這個日子的當天或隔天剛好就是春分，接下來的日照時間會越來越長，愛美的女士們當然就得開始注意防曬囉，但另一個原因則來自諧音的梗：你得先把 3 月 20 日寫成 320，然後再拆成 3、2 與 0 二組字，數字 3、2 可以唸做 San Ni，正好與英文的 Sunny 諧音，0 則是 Zero，代表沒有的意思，像這樣將 320 解釋成為 Sunny Zero，你說是不是好棒棒？

3月/21 書包之日（ランドセルの日）

我們常看到日本小學生揹在背後的書包，最早竟然是軍人在揹的？江戶時代末期，德川幕府的西洋式陸軍率先從荷蘭導入背囊，之後來到 1885 年（明治 18 年），官立小學「學習院初等科」開校，基於教育平等的理念，學習院禁止學生搭乘馬車或人力車來校，並開始導入讓小學生把上學用品放入背囊自己帶來學校的做法，這就是日本小學生揹書包的起源，緊接著當時的皇太子嘉仁親王（日後的大正天皇）在 1887 年進入學習院就讀，初代總理大臣伊藤博文致贈的賀禮就是皮革製書包。

　　基本上同一個書包會伴隨小學生總共六年的時間，以

製作迷你書包聞名的日本皮革職人增田利正就將 3 月 21 日訂為書包之日，一方面這時候是許多小學舉辦畢業典禮的時期，另一方面則是因為 3 加 2 加 1 等於 6，代表著六年的小學時光，也是對書包六年來的辛苦致上感謝的好日子。

　　除了書包之日外，3 月 21 日也是催眠術之日（催眠術の日）喔，理由真是再簡單也不過了，因為催眠大師每次在施展催眠術時，最後一定都會說「3！2！1！」然後就……就……（zzz……）。

3月 22　放送紀念日（放送記念日）

　　日本放送協會、也就是 NHK，在 1943 年將 3 月 22 日訂為放送紀念日，因為在 1925 年（大正 14 年）3 月 22 日這天，NHK 的前身：東京放送局開始播送廣播訊號。上午 9 點半，播報員京田武男說道：「啊，啊，啊，有聽到嗎？JOKA，JOKA，這裡是東京放送，今天從現在開始播送訊號」這就是日本空中有史以來第一個廣播訊息，JOAK 是東京放送局的代號，京田武男則是從《東京日日新聞》運動記者轉職過來的。當天的節目內容包含新聞，西洋古典音樂，日本傳統邦樂，然後在晚上 8 點 55 分氣象預報之後，結束一天的播放。

　　既然講到第一個廣播，我就再提一下，在 1927 年 8 月 13 日這天，日本的收音機裡傳來了第一場運動比賽實況報導，內容是第 13 屆夏季甲子園札幌一中對青森師範的比賽，

播報員是打過第 2 屆甲子園的魚谷忠，他曾擔任過銀行員。

3月/23 失眠之日（不眠の日）

　　據說日本超過半數的人有失眠的問題，生產睡眠改善藥 Drewell 的 SS 製藥株式會社就將每個月的 23 日訂為失眠之日，因為失眠的日文不眠（ふみん，Fumin）裡有數字 2、3 的諧音。對於有失眠困擾的人，日本曾經推出過一個好商品，保證可以讓你擁有帝王級的舒適睡眠，那就是圖坦卡門睡袋！整體外形做成跟圖坦卡門的純金人形棺一樣，真的是帝王（法老）級，只要睡在裡面，似乎三千年都醒不過來呢。

　　除了失眠之日外，知名的可果美公司也將 2 月 3 日與每個月的 23 日訂為乳酸菌之日（乳酸菌の日），原來他們除了番茄汁外也有生產乳酸菌飲料，而乳酸菌的乳酸二字日文にゅうさん（Nyuusan）裡也有 2、3 的諧音。

3月/24 人力車發祥之日（人力車発祥の日）

　　去過東京淺草遊玩的人，應該都對那兒攬客的人力車印象深刻吧？在江戶時代，人們除了步行之外，主要的交通工具是駕籠，也就是用人力擔著走的籠狀座席，之後日本開放鎖國，西洋人也帶著馬車進入日本，受到馬車的啟發，和泉要助、鈴木德次郎、高山幸助等三人發明了人力車，並在

1870 年（明治 3 年）陰曆 3 月 24 日獲得東京府營業許可，開始在日本橋營業，因此 3 月 24 日就成為人力車發祥之日。在人力車出現二年後的 1872 年，東京原有的一萬座駕籠已全數消失無蹤，取而代之則是四萬輛人力車到處趴趴走，就這樣歷經了數十年，之後隨著路面電車與公車、汽車的普及，人力車也在昭和時代初期走入歷史。

3月/25 戲劇性之日（ドラマチック・デー）

　　不同於其他有時間限制的比賽，人們時常說棒球是圓的，不到最後一人出局，誰都無法斷定勝負，也因此在棒球場上產生了許多傳奇的故事，其中一個就發生在 1956 年 3 月 25 日。這天的東京後樂園球場，正在進行職棒巨人隊與中日隊的大戰，中日隊靠著一支全壘打以 3 比 0 的比數領先至九局下半，比賽看似即將結束，但後攻的巨人隊仍在一出局下攻占滿壘，而打席輪到投手義原武敏，此時巨人隊教練水原茂決定改派代打樋笠一夫上陣。面對投手的速球，樋笠一夫將第三球狠狠打擊出去……球飛越外野……是支全壘打！是支再見滿壘全壘打！巨人隊以 4 比 3 贏得這場比賽！這就是日本職棒史上首次的「代打逆轉再見滿壘全壘打」，這天也因此被稱為戲劇性（Dramatic）之日。

　　根據統計，到 2020 年為止，日本職棒總共也才出現過 8 次代打逆轉再見滿壘全壘打，其中以 1 分逆轉勝的更只有 3 場，日文稱為不用找錢全壘打（釣り銭なしホームラン，

意思是只要贏 1 分就已足夠，不需要多餘的分數），真的非常戲劇性。

除了戲劇性之日外，3 月 25 日也是電氣紀念日（電気記念日），因為在 1878 年（明治 11 年）3 月 25 日這天，第一盞電燈（事實上是 50 盞啦）首次在日本東京的工部大學校講堂亮起。

3月/26 三郎之日（三郎の日）

不管是誰，一定都聽過拚命三郎這個詞，原來這詞出自明朝施耐庵所著《水滸傳》第四十四回之中，石秀的自我介紹「路見不平，但要去相助，人都呼小弟作拚命三郎」。基於要上千字才能說明的理由，日本人並不把三郎唸做さんろう（Sanrou），而是唸做さぶろう（Saburou），剛好與日文數字 3、2、6 諧音，所以 3 月 26 日就成為三郎之日。

日本的三郎何其多，像是影歌雙棲的超級巨星北島三郎，歌舞伎大師坂東玉三郎，《忍者亂太郎》裡的鉢屋三郎，還有一位傳奇人物坂井三郎。坂井三郎是二戰期間的日本王牌飛行員，駕駛零戰擊落 64 架敵機，他曾在 1941 年派駐於台灣的台南海軍航空隊，期間還跑去美軍的機場上空大耍特技。擁有空中武士（大空のサムライ）稱號並僥倖活過戰爭的坂井三郎，最後在 2000 年去世，享年 85 歲。

3月／27　櫻花之日（さくらの日）

　　我們常說的氣候二字，氣來自一年有廿四節氣，但你聽過七十二候嗎？簡單地說，就是把每個節氣再分為初候、次候與末候，而且每個候都有非常文青的名稱，像是節氣春分的初候叫做「雀始巢」，寓意雀鳥開始築巢，次候則叫做「櫻始開」，則是櫻花開始開放，正是賞櫻的時節，因此日本櫻花之會就在 1992 年將櫻始開時節中的 3 月 27 日訂為櫻花之日，但除了這個理由之外，另一個理由則是既考你日文，同時也考你數學。櫻花的日文是さくら（Sakura），さ（Sa）與 3 同音，く（Ku）與 9 同音，3 乘 9 就等於 27……所以就是 27 日了……。

3月／28　鴨兒芹之日（三つ葉の日）

　　不管是茶碗蒸、豬排丼還是味噌湯，如果最後沒放上幾根鴨兒芹，好像就少了幾分日本料理的味道。鴨兒芹擁有如春風般的清爽風味，因為每株都有三片葉子，日文就把它叫做三つ葉（みつば，Mitsuba），剛好與數字 3、2、8 諧音，所以 3 月 28 日就成為鴨兒芹之日。

　　除了三片葉子的鴨兒芹之日，日本的 4 月 28 日也是四葉之日（四つ葉の日），這四葉指的是長有四片葉子的幸運草，訂定這個節日的，是位於大阪以四葉為名的四葉電力株

式會社。

3月/29 綠球藻之日（マリモの日）

在日本北海道與少數幾個極寒地區的湖底，生長著一種圓球狀的綠球藻，日文叫做マリモ（Marimo，毬藻），1952年3月29日，日本政府將北海道阿寒湖的綠球藻指定為國家特別天然記念物，因此這天就成了綠球藻之日。

綠球藻的生長速度極慢，有時一整年只會長大0.5公分，因此2018年日本曾發生過這樣的慘劇：有位網友買了一顆綠球藻，每天辛勤換水、細心照顧，還不時拍照與親友分享，就這樣過了六年之後，才赫然發現他當初買的綠球藻，竟然是人工纖維製造的假貨，換句話說，這位網友足足用了六年的光陰與心血，來呵護一塊菜瓜布。

3月/30 信長之野望之日（信長の野望の日）

出生於1950年的襟川陽一，在1978年繼承瀕臨倒閉的染料與工業藥劑家業，創設了光榮公司，接著1980年他老婆在他生日那天，送他一台夏普個人電腦作為禮物，從此襟川陽一完全沉迷於電腦世界，嘗試自己開發遊戲，並將公司轉型為軟體公司，然後就在1983年3月30日這天，由襟川陽一所設計的光榮公司第一款歷史模擬遊戲問世，這就是

《信長之野望》，從此開創光榮的傳奇，並在今天成為一年營業額 350 億日圓的大公司。

試想一下，如果沒有《信長之野望》的大成功，就不會有 1985 年開始的《三國志》系列，更遑論 1997 年開始的《無雙》系列，所以這麼重要的信長之野望之日，當然值得好好紀念一番。

3月/31 生理時鐘之日（体内時計の日）

在日本，4 月 1 日是學校新學年的開始，也是許多公司新人報到的時節，這理由我在後面會說明，但無論是進入新學校、升上新年級，或是初次踏入職場的新鮮人，4 月 1 日都是嶄新一年的開始，因此在 4 月 1 日前的最後一天、也就是 3 月 31 日，當然要調整好自己的生理時鐘，讓自己擁有正常規律的作息步調，生理時鐘之日就是這麼來的。

日本管弦樂連盟在 2007 年也將 3 月 31 日訂為管弦樂之日（オーケストラの日），因為他們認為管絃樂「對耳朵一級棒」（みみにいちばん，Mimi ni ichiban），這句日文裡有數字 3、3、1 的諧音。

4月（卯月）

1 年度初日（年度初日）

　　從明治天皇改曆之後，日本就跟世界各國一樣，每年都從 1 月 1 日開始，12 月 31 日結束，但是日本的公司會計年度與學年卻是從 4 月 1 日開始，並於隔年 3 月 31 日結束，這是為什麼呢？事實上這是在二十年內歷經數次大改之後所產生的結果。

　　在還沒施行陽曆的明治元年（1868 年），日本會計年度是從陰曆 1 月到 12 月，結果隔年新成立的大藏省（相當於財務部）說「應該要配合農民新米收割的時間比較好喔」，這一年就改成從陰曆 10 月到隔年 9 月，接著到了明治 6 年，為了配合改曆為陽曆，會計年度又變成從陽曆的 1 月到 12 月，看到這裡你會很想哭嗎？我覺得那時候的日本人應該會更想哭，嗯，讓我們繼續看下去。

　　過沒二年，為了配合新實施的地租繳納時間，會計年度又在明治 8 年變成從 7 月到隔年 6 月，最後在明治 19 年（1886 年）時，為了配合徵收釀酒稅的時間，會計年度變成從 4 月到隔年 3 月，並在明治 22 年（1889 年）寫入會計法予以法制化，這就是日本會計制度從 4 月開始的由來。

　　至於日本學年的起始日期一開始是從 9 月開始的，但是高等師範學校在 1886 年率先改為從 4 月開始，之後日本的小學也從 1892 年改成從 4 月開始，據信這是受到日本會計年度的影響，最後到了 1947 年，從 4 月開始學年的規定被寫入日本的學校教育法施行規則。

CO2 削減之日（CO2 削減の日）

位於靜岡縣濱松市的富士金屬興業株式會社致力於節能減碳，他們在 1999 年創設 Dragon Parts 提供各式車用重建（Rebuilt）零件，因為重建零件的碳排放量會比新造零件減少許多。2008 年，他們將 4 月 2 日訂為 CO2 削減之日，原因來自 4 月 2 日可以寫成 402，4 的日文唸做シ（Shi），0 可以唸成英文 O，2 的日文唸做ツ（Tsu），三個字合在一起唸，就是 CO2 了。

富士金屬興業株式會社可不是光說不練喔！他們所減少的碳排放量，從 2008 年的 703 噸，已一路增加至 2019 年的 2,750 噸，話說回來，他們公司所在地的濱松市，就是 HONDA 創辦人本田宗一郎與 HONDA 汽車的故鄉呢。

神武天皇祭（神武天皇祭）

在神話時代，天照大神派遣愛孫瓊瓊杵尊從天界下凡接管人世，史稱天孫降臨，經過多年（正確地說是一百四十七萬二千四百三十餘年），瓊瓊杵尊的曾孫狹野在西元前 711 年陰曆 1 月 1 日誕生，之後狹野歷經東征等多項試煉，終於在西元前 660 年陰曆 1 月 1 日達成全國制霸的夢想（灌籃高手啊），於橿原宮即位為第一代天皇，也就是神武天皇，日本這個國家正式誕生，之後神武天皇在西元前 585 年陰曆 3 月 11 日去

世，換算成陽曆是 4 月 3 日，因此這天就是神武天皇的忌日。講到這兒，大家有沒有覺得哪裡怪怪的？是的，神武天皇去世時，已經 127 歲囉。

4月 4 紅豆麵包之日（あんぱんの日）

英國麵包、德國麵包、法國麵包通通都有，就是沒有屬於日本的麵包：呷胖（Japan）？其實還是有啦，其中之一就是紅豆麵包。看過動漫《銀魂》的人都知道，紅豆麵包具有讓人 Sparking! 然後重傷並且喪失記憶的神祕力量，因此擁有自己專屬的節日也不足為奇，但這日子是怎麼來的？

距今一百多年前的 1874 年（明治 7 年），東京的麵包店「木村屋」創辦人木村安兵衛與兒子英三郎共同開發出紅豆麵包，在銀座賣得嚇嚇叫。1875 年 4 月 4 日，明治天皇到向島（東京都墨田區）的水戶藩邸賞櫻花，在一片落櫻繽紛之中，大臣山岡鐵舟向天皇獻上木村屋特製的櫻花紅豆麵包，並說「天皇啊，以前都是吃京都的和菓子，這次請來試試這純日本製的麵包吧」，天皇吃後驚呼「好吃啊！救命啊！我以後吃不到怎麼辦啊！～」（並沒有）（這是設計對白），立即下令木村屋成為皇室的御用供應商，此後這天不但成為紅豆麵包之日，紅豆麵包也因天皇的加持而更加火紅，而銀座木村的紅豆麵包歷經一百多年，到今天依然熱賣中。

4月／5 剪髮之日（ヘアカットの日）

雖然名為剪髮之日，但其由來卻是要你不要亂剪頭髮？

1871 年（明治 4 年）9 月 23 日，明治政府頒布散髮脫刀令，又稱做斷髮令，除了讓貴族與士族自己選擇要不要隨身帶刀之外，還鼓勵大家不要再留古裝時代劇那種紮髮髻的髮型，改留西式短髮吧，結果除了男生之外，不少女生也把一頭的長髮給剪掉，仿效起男生的短髮造型，許多民間人士認為女生留短髮實在有違公序良俗（黑長直才是正義啊），明治政府只好趕緊又在 1872 年陰曆 4 月 5 日頒布女子斷髮禁止令，說明「呃，關於上次說的那個散髮令啊，意思是只有男生可以斷髮，女生不可以模仿喔」，剪髮之日就是這樣來的。

順帶一提，在 1873 年 3 月 20 日這天，一位名叫河名浪吉的理髮師為明治天皇剪掉髮髻，同時也剪去千年以來的傳統與束縛。

4月／6 城郭之日（城の日）

說到日本最具代表性的傳統建築，除了寺院之外，自然非城郭莫屬，因為城的日文唸做しろ（Shiro），剛好與日文數字 4、6 諧音，因此日本城郭協會就在 1974 年將 4 月 6 日訂定為城之日，之後擁有日本第一名城稱號、同時也是第一座被列入世界文化遺產的絕美古城：位於兵庫縣的日本國寶

姬路城（別名白鷺城），以及名古屋市的地標名古屋城，也
分別在 1990 年與 2002 年將 4 月 6 日訂為城之日。

夜啼改善之日（夜泣き改善の日）

販售改善嬰兒夜啼藥品的樋屋製藥將 4 月 7 日訂為夜啼
改善之日，因為夜啼的日文夜泣き（よなき，Yonaki）裡有
數字 4、7 的諧音。在台灣，如果囝仔著驚罵罵號，我們就
會帶去廟裡收驚，但是日本呢？

古代日本認為嬰兒之所以夜啼，是因為體內有疳之虫的
緣故，此時父母得帶著嬰兒到神社寺院祈願，讓神主在嬰兒
手心寫上梵字真言再抹上粗鹽，嬰兒手上就會冒出幾根極細
小的白絲，代表疳之虫被趕出來了，然後父母再帶著符咒回
家貼在門口或神龕上，這儀式被叫做虫切或是虫封，現在還
有一些神社提供這樣的服務喔。在日本除了嬰兒會在半夜啼
哭之外，石頭也會，日本許多地方都有怪石會在半夜傳出哭
聲的傳說，而被稱做夜泣石（夜泣き石）。

輪胎之日（タイヤの日）

西元 2000 年，日本輪胎協會將 4 月 8 日訂為輪胎之日，
原因來自 4 月是日本春季的交通安全運動月，那麼 8 日的
意思是？8 日的意思……8……啊就是那個……輪胎的樣子

啊⋯⋯對，輪胎之日就是這麼來滴。（唉）

對了，因為柴的日文しば（Shiba）與數字4、8諧音，所以這天也是柴犬之日（柴の日）喔，家裡有黑柴、白柴、柴柴、笨柴、呆呆柴、固執柴、傻笑柴的人，都可以在這天慶祝一下。

4月9 大佛之日（大仏の日）

既然是大佛之日，應該與全日本最重要的大佛有關吧？完全正確！那就是奈良東大寺的盧舍那佛，也被稱為奈良大佛。奈良大佛高 14.7 公尺，始建於西元 745 年，之後於西元 749 年鑄造完成，然後在西元 752 年陰曆 4 月 9 日舉辦盛大隆重的開光儀式，這叫做入佛開眼，因此 4 月 9 日就成為大佛之日，但此時的大佛其實還沒完工，還差一些修飾與鍍金。

這場日本史上首次大型的佛像開光典禮，第四十五代聖武天皇（此時為太上天皇）、光明皇太后、第四十八代孝謙天皇、皇室成員與朝中文武百官皆全數與會，此外還有一萬多位僧侶參加，每人皆手持一條青花色細線，這些長度超過190公尺的細線在末端被集結成一條繩縷，綁在一支毛筆上，然後再由印度高僧菩提僊那代表上皇手持毛筆為大佛畫上瞳孔開光，場面十分壯觀，而當時所使用的開眼縷，現在還收藏於東大寺正倉院裡。

4月/10 社長之日（社長の日）

　　4月10日之所以是社長之日的原因，說來有點……扭曲？對，就跟許多社長的長相與性格一樣（編輯：你會被打，真的）。4的日文唸做し（Shi，音同西），1唸做い（i，音同依），0則可以唸成英文O（音同喔），將這三個數字合在一起，就成為西依喔……CEO……也就是社長啊啊。

4月/11 好好地吃早餐日（しっかりいい朝食の日）

　　食品廠商卡樂比（Calbee）為了宣傳自家的早餐穀片，就將4月11日訂為好好地吃早餐日，原因來自「好好地吃早餐」（しっかりいい朝食）這句話裡有日文數字4與11的諧音，而且4月也是學校剛剛開學的季節。

　　說到早餐，許多人應該都有看過日本動漫裡的美少女，因為快遲到來不及吃早餐就咬著吐司狂奔，結果在巷弄轉角撞到帥哥的畫面吧？有個熱心的日本網友試算了一下，如果你是個高中男生，遇到「一個高中女生×而且是美女×沒吃早餐咬著吐司跑出門×在轉角撞到你×她剛好是今天轉到你班上的轉學生×而且還坐在你旁邊的空位×你們二人終於陷入情網」的機率，大約是……75億分之一吧？你知道這難度有多高嗎？鋼鐵人拯救全宇宙的機率，至少都還有1,400萬分之一耶。

麵包紀念日（パンの記念日）

　　為何麵包的英文是 Bread，但日文卻要叫做胖（パン，Pan）呢？因為麵包是在戰國時代由葡萄牙傳教士帶入日本，所以用的是麵包的葡萄牙語 pão，但隨著豐臣秀吉開始的一連串禁教政策，民間似乎沒有製作麵包的記錄，直到江戶時代末期，伊豆國（靜岡縣）韮山的代官江川英龍認為在二軍對陣之時，煮飯的炊煙會曝露己方位置所在，還是把麵包拿來做為軍糧比較好，因此他就在 1842 年陰曆 4 月 12 日這天，找來長崎的職人在自己家裡烘焙軍糧麵包，這是史上首次日本人製作麵包的記錄，日本的吃麵包普及協議會就在 1983 年將這天訂為麵包紀念日，同時每個月的 12 日都是麵包之日（パンの日）。

　　江川英龍被稱為日本麵包之祖，他的領民也稱他為「改正世道的江川大明神」，多才多藝的他除了做麵包之外，還鑄大砲、造船、創作文藝、精通劍術，更建造了東京知名的台場，他的故居是日本的重要文化財，裡頭有當年麵包窯的複製品，現場也販售依他當年食譜所重現的軍糧麵包，不過很硬、非常硬，簡直是硬過頭了，有人光啃一個就花了一個小時。

4月/13 決鬥之日（決闘の日）

　　江戶時代初期的 1612 年陰曆 4 月 13 日，宮本武藏與佐佐木小次郎在豐前國小倉沖的巖流島（山口縣關門海峽船島，當時叫做舟島）進行了名傳千古的一對一單挑決鬥，當時 29 歲的浪人劍客宮本武藏較約定的時間足足遲到了一刻（約二小時），等得不要不要的小次郎此時早已心浮氣躁，待武藏下船之後，年約 40 歲的小次郎立即舉刀砍向武藏，卻被武藏用電光火石之速，以船槳削成的木刀一擊劈中額頭而死，因此這一天不但成了決鬥之日，同時也是小次郎先生的忌日啊。（淚）

4月/14 橘子日（オレンジデー）

　　大家都知道 2 月 14 日是情人節，3 月 14 日是日本獨創的白色情人節，那麼再過一個月後的 4 月 14 日，又該是什麼日子呢？日本柑橘生產重鎮愛媛縣的農家自 1994 年起主張，4 月 14 日這天應該是橘子日！為什麼呢？因為白色橘子花（是的，不是橘色）的花語代表純潔、結婚的喜悅，所以橘子花常被拿來做成新娘頭飾或嫁裳裝飾，此外橘子開花時會同時結果，在歐洲也成為兼具愛情與豐饒多產的象徵，愛媛縣農家認為 2 月 14 日女生送禮給男生，3 月 14 日男生回禮給女生之後，4 月 14 日兩人應該要互贈橘子，來確認彼此

之間的愛情呀！經過不斷地推廣（洗腦），日本的全國農協在2009年正式將4月14日訂為橘子日，許多企業商家也將橘子日視為第三個情人節來舉辦活動。

其實送橘子示愛也沒那麼奇怪啦，台灣的師範大學每年校慶6月5日又被稱做西瓜節，這天男生會送西瓜給女生示愛傳情，據說原因是西瓜好吃便宜又大碗，而且西瓜英文「Watermelon」唸起來很像中文「我的美人」。（好吧，至少不是香蕉你個芭樂）

4月/15 日本巡禮文化之日
（日本巡礼文化の日）

近年很流行到日本四國步行巡禮參拜88個寺院靈場，追尋平安時代弘法大師空海的足跡，全程大約1,200公里，這被稱做四國遍路，但這時候有人跳出來說「我們才是最古老、最元祖的巡禮喔」，這就是西國三十三所巡禮。

西元718年，大和國（奈良縣）長谷寺的開基始祖：62歲的德道上人病重彌留之際，在陰間見到閻魔大王，閻魔大王授予他三十三個寶印，要他回陽間建立三十三個觀音靈場，好讓民眾能透過巡禮參拜感受觀音菩薩慈悲，洗去罪惡之心，還魂後的德道上人就依閻魔大王的指示選定了三十三個靈場，這就是西國三十三所巡禮的起源。

西國三十三所巡禮全長約1,000公里，跨越了和歌山、兵庫、奈良、滋賀、岐阜五縣與大阪、京都二府，在2017年西國巡禮即將迎接創始1300週年時，西國三十三所禮所

會將 4 月 15 日訂為日本巡禮文化之日，原因來自好緣分的日文良いご縁（よいごえん，Yoigoen）裡有數字 4、1、5 的諧音。

4月 16 女子馬拉松之日（女子マラソンの日）

西元前 490 年，希臘士兵菲迪皮德斯進行了歷史上第一次馬拉松長跑，經過 2,468 年之後，化妝品廠商雅芳（Avon）才在 1978 年 3 月 19 日於美國亞特蘭大舉辦了第一場限定女生參加的全程馬拉松大賽，而日本也緊接著在 4 月 16 日這天，舉辦日本首次女生限定全程馬拉松比賽，因此這天就成為女子馬拉松之日。

這場馬拉松的名稱有點特殊，叫做「第 1 屆女子烏龜馬拉松全國大賽」，烏龜馬拉松（Turtle Marathon）是日本自創的英文詞，意思是不求競速爭快，只求走完全程。這場在東京多摩湖舉辦的比賽總共有 49 名選手參加，最高齡者已經 71 歲，吸引超過 10 萬名觀眾前往觀賽，在這場比賽之後隔年，東京進行了國際田徑總會所認可的史上第一場女子馬拉松，那就是從 1979 年到 2008 年間舉辦的東京國際女子馬拉松。

4月/17 皇后之日（クイーンの日）

這裡所說的皇后並不是日本的皇后，而是英國的皇后……嗯，正確地說，是英國的 Queen 皇后合唱團。2018年上映的電影《波西米亞狂想曲》，讓許多人重拾對皇后合唱團與主唱佛萊迪（Freddie Mercury）的回憶，皇后合唱團在 1974 年爆紅之後，於 1975 年 4 月 17 日首度來到日本舉辦演唱會，因此這天就成為皇后之日。

事實上早年有許多國際明星，都曾在日本留下過他們的足跡：1954 年，瑪麗蓮・夢露和新婚夫婿狄馬喬來日本進行宣傳、勞軍還順便度蜜月；1966 年，披頭四在東京武道館舉辦演唱會；2016 年去世的大衛・鮑伊更以熱愛日本著稱，他有段時間在京都密集出現，讓大家誤以為他已在那兒定居。

4月/18 香之日（お香の日）

日本的全國薰物線香組合協議會在 1992 年將 4 月 18 日訂為香之日，因為根據日本古書《日本書記》記載，在推古天皇 3 年（西元 595 年）夏四月，第一塊香木漂流到日本的淡路島（兵庫縣），但記錄上只寫著 4 月，沒有寫哪一天啊？這 18 日又是怎麼來的？原來是協議會將「香」這個字給拆成「一十八日」，就是這麼來滴。

說到香，日本廠商 KOEI TECMO WAVE 在 2017 年推出一款可以釋放香味的 VR 遊戲艙，搭配的遊戲之一是以比基尼美少女著稱的《生死格鬥之沙灘排球》，玩家除了可以欣賞各種養眼鏡頭外，廠商還宣稱「可以聞到女孩子靠近時的香味喔～」哼！面對這麼不知廉恥的遊戲，我們應該要同聲予以譴責。（喂航空公司嗎？我要買第一班前往日本的飛機票謝謝）

4月/19 最初的一步之日（最初の一歩の日）

如果你 50 歲時已經家財萬貫、事業有成還提早退休，接下來你想幹什麼？江戶時代的伊能忠敬決定要到江戶學習他最喜愛的天文學，之後為了搞清楚地球到底有多大，伊能忠敬在 1800 年獲得幕府允許前往北海道進行測量並繪製地圖，於是在這一年的閏 4 月 19 日，56 歲的伊能忠敬帶著三位弟子從江戶城出發，以 180 天走完全程 3,200 公里的路途，接著伊能忠敬又分九次在日本各地進行測量，之後於 1818 年去世，他的弟子將觀測成果製成《大日本沿海輿地全圖》於 1821 年獻給幕府，這是史上首次日本人能以正確的角度，來觀看自己國土的全貌。

日本人稱呼伊能忠敬為第一位製作日本地圖的人，而他當年出發前往北海道的日期就成為最初的一步之日，也是日本的地圖之日。有人估算，在長達十幾年的測量生涯中，伊能忠敬在全日本總共行走了四萬公里，剛好等於繞行地球一圈的距離。

郵政紀念日（郵政記念日）

　　飛腳是一種工作職稱，大約出現於鎌倉時代，簡單地說就是現在的宅急便，只是既沒掃帚也沒黑貓，而只靠著雙腳萬能四處奔跑。歷經戰國時代與江戶時代之後，明治政府官員前島密參考英國的作法，在1871年（明治4年）4月20日創設了日本最初的郵政制度，這天就成為郵政紀念日，飛腳也迅速從歷史舞台退場。

　　大家可能想不到，日本的郵差可是比警察還要早帶槍喔！在郵政開始才二年的1873年，日本法律就允許郵差攜帶六連發的手槍，要經過50年後，日本的警察才在1923年（大正12年）被允許配戴手槍。當時日本郵差配戴的槍蠻大一支的，還有個名號叫做郵便保護槍，原因是在郵政剛開始時，發生不少搶奪信件的事（因為當時現金是用信寄的），此外送信到危險的荒郊野外，也可能會遇到凶猛飢餓的野熊、山豬、跑來催稿的出版社編輯（編輯：喂！）。關於郵差配槍的規則，直到1949年才廢止。

　　對了，4月20日也是果醬之日，原因來自1910年（明治43年）4月20日這天，明治天皇首次嚐到長野縣塩川伊一郎所獻上的草莓果醬，驚呼「好吃啊！救命啊！我以後吃不到怎麼辦啊！～」（啊？什麼？跟紅豆麵包的說法一樣？我跳針了？）還有還有，這天也是咖啡牛奶之日（珈琲牛乳の日），因為在1920年（大正9年）的4月20日，咖啡牛奶首次在日本發售，大家喝過之後大喊「好喝啊！救命啊！我以後喝不到

怎麼辦啊！～」（編輯：夠了喔，揍你哦）

4月/21 民營廣播之日（民放の日）

1924 年（大正 13 年），在日本政府的特許下，東京、大阪、名古屋各自成立了放送局（廣播電台），合稱為放送三局，並自 1925 年開始營運，但很快地就在 1926 年 8 月 20 日被日本政府整合為具有官方性質的日本放送協會，也就是我們熟悉的 NHK，更是日本到 1950 年唯一的廣播電台。

二戰結束後，駐日盟軍總司令部（GHQ）採取言論管制政策，不允許民營廣播電台設立，直到 1951 年 4 月 21 日才核發 16 家民營廣播電台的預備執照，之後中部日本放送與新日本放送同步在 9 月 1 日開始進行廣播，結束 NHK 獨占的局面，因此日本民間放送連盟在 1993 年將 4 月 21 日訂為民營廣播之日。在民營廣播電台出現二年後，日本第一家民營電視台：日本電視台也在 1953 年 8 月 28 日開始播放。

4月/22 日本小姐之日（ミス日本の日）

二戰結束後，美國自 1946 年起開始提供救援物資協助日本民眾生活，這被稱為拉拉物資（LARA; Licensed Agencies for Relief in Asia），為了感謝美國的協助，日本計畫派遣一位女性親善大使到美國進行友好活動，於是在 1950 年 4 月

22 日，讀賣新聞社、中部日本新聞社與西日本新聞社共同主辦了日本小姐選拔活動，這天因此而成為日本小姐之日。在第一屆選拔中，脫穎而出的是芳齡 20 歲的山本富士子，她在 1951 年以日本小姐身分訪美，並於紐約與瑪麗蓮·夢露會面。回國之後的富士子，在眾家電影公司爭奪下於 1953 年加入大映株式會社，成為紅極一時的電影明星，並享有「昭和美人」的稱號。

　　在成為日本小姐前，富士子曾應徵過日本銀行的工作，但是未被錄取，多年後日本銀行說「當時沒錄取她，完全不是能力或個性的問題，而是因為她實在太漂亮了，深怕男員工們會大受影響，所以不敢錄取」。

4月/23 蜆仔之日（しじみの日）

　　日本人的生活幾乎離不開味噌湯，而煮味噌湯時經常會用到的食材就是蜆仔，長年鑽研蜆仔的日本蜆仔研究所將 4 月 23 日訂為蜆仔之日，原因來自於蜆仔的日文しじみ（Shijimi）與數字 4、2、3 諧音，算是蠻簡單明瞭的。蜆仔的長相就像縮小的蛤貝，而日文的縮則唸做ちぢみ（Chichimi），據說就是因為這個緣故，蜆仔才會被叫做發音近似的しじみ，但日本最古老的和歌集《萬葉集》則把しじみ詠嘆為同音的「四時美」，跟蜆仔一比，感覺馬上就變得很貴啊。

4月/24 志布志之日（しぶしの日）

2006 年，日本鹿兒島縣的志布志町、松山町、有明町合併為志布志市，為了推廣地方，他們就用志布志的日文しぶし（Shibushi）的數字諧音 4、2、4，將 4 月 24 日訂為志布志之日，嘛，就是這麼簡單，但真正好玩的是志布志這個地名據說是這樣來的：西元六百多年時，第三十八代天智天皇來訪此地，招待天皇的主人妻子與侍女皆向天皇獻上布匹，天皇讚曰：上下皆以布匹效忠明志，故賜地名為志布志。

經過一千四百年後的今天，志布志變成了志布志市（Shibushi shi），位於志布志的市公所支所看板上則寫道：「這裡是志布志市志布志町志布志的志布志市公所志布志支所」，呃，眼睛脫窗了嗎？你要不要試著唸唸看？而且日文的志、市、支都唸做し（Shi）喔。對了，這個支所的地址在「志布志市志布志町志布志二丁目 1 番 1 号」。不過志布志市公所支所已自 2021 年 1 月 1 日起開始與總部進行整併，所以支所的名稱應該會有所變更。

4月/25 拾金之日（拾得物の日）

1980 年 4 月 25 日傍晚 6 點，43 歲的卡車司機大貫久男開車經過東京銀座的昭和通，發現路旁護欄上掛著一個大布

袋，他以為這裡頭放的是人家不要的舊報紙，而當年賣舊報紙可賺一筆小小錢，他就下車把布袋撿起來扔進車裡帶回家。回到家的久男先跑去錢湯泡澡，當他再次踏入家門時，卻發現老婆一臉鐵青，原來這布袋裡裝的不是舊報紙，而是一・億・日・圓，這就是拾金之日的由來。

嚇壞了的久男，馬上抱著錢向警察報案，結果消息被新聞界披露，久男頓時成為全日本的風雲人物，更特別的是這神祕的一億日圓失主遲遲沒有現身，根據當時法律，失物經半年無人認領的話，就歸拾得者所有，於是在 1980 年 11 月 9 日，大貫久男正式成為一億日圓的主人，扣除所得稅 3,400 萬日圓後，實領 6,600 萬日圓，當時備受騷擾威脅的久男，是在 11 月 11 日穿著防彈背心去領錢的。隔年久男以 3,690 萬日圓付現買了間公寓，最後在西元 2000 年以 63 歲之齡逝世。

4月/26 七武士之日（七人の侍の日）

1897 年（明治 30 年）12 月 31 日，小西寫真店（日後的 KONICA）21 歲店員淺野四郎拍下由日本人所拍攝的第一部電影《日本橋的鐵道馬車》以來，日本人拍攝了成千上萬部電影，但哪一部才是日本電影史上的最高傑作呢？許多人會說，是導演黑澤明所拍攝的電影《七武士》（七人の侍）。

《七武士》在 1954 年 4 月 26 日開始上映，七武士之日

 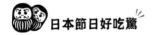

即由此而來，這部講述七個出身個性皆不同的浪人武士，協助貧窮鄉民抵禦野武士（山賊盜匪）的電影，上映之後不但票房大為成功，在世界各地得獎無數，美國好萊塢更在1960年將此部電影翻拍成經典的西部電影《豪勇七蛟龍》，也強烈地影響了史蒂芬‧史匹柏、喬治‧魯卡斯、北野武、吳宇森等許多電影導演。直到今天，《七武士》依然被許多電影與動畫持續翻拍或詮釋。

4月/27 女警之日（婦人警官の日）

全世界第一位女警，是1891年的美國芝加哥39歲警察瑪莉‧歐文斯（Marie Owens），日本則是在二戰結束之後，因應駐日盟軍總司令部（GHQ）的強烈要求，而在1946年2月23日開始召募第一批女性警官，當時共有約1,300人前往應徵，最後日本警政廳在4月27日公布錄取的62位女警名單，日本的女警就此誕生，這天也成為女警之日。

以往的日本女警被稱做婦人警察官、婦人警官或是婦警，但隨著兩性平等意識日益高漲，這些名稱已自西元2000年起被正名為女性警察官，2011年3月11日東北大地震，宮城縣岩沼署的37歲女警瀨谷志津江為了疏散沿岸的民眾，不幸被海嘯捲入罹難，而成為日本第一位在公務之中殉職的女警。

4月 28 大象之日（象の日）

　　這一天跟大象有什麼關係？讓我們話說從頭。身為島國的日本原本就沒有大象，第一頭大象在 1408 年 7 月 15 日搭著南蕃船漂流到若狹國（福井縣）小濱，被送給了當時的將軍足利義持，之後豐臣秀吉與德川家康也都陸續收過大象，唯獨最崇高的日本天皇，一直都沒機會看到這玩意兒。

　　到了江戶時代的 1728 年，熱愛新鮮事物的德川幕府第八代將軍德川吉宗，從越南進口了一公一母二頭大象，母象三個月後死去，公象則在 1729 年陰曆 3 月 13 日從九州的長崎出發，陸路徒步 1,480 公里前往遙遠的江戶城，吉宗心想，既然途中會經過京都，那就順便也去給天皇瞧瞧囉。

　　陰曆 4 月 20 日，大象抵達大阪，準備接著前往京都謁見天皇，但自古以來沒有無官無位者朝見天皇的先例，透過幕府的申請，朝廷就將這頭大象冊封為「廣南從四位白象」（從四位是相當於外樣大名的官位），這頭不小心當了官的大象就在陰曆 4 月 28 日的上午 10 點於京都謁見第一一四代中御門天皇，接著在 11 點謁見天皇的阿公：第一一二代靈元法皇，二位天皇都高興的不得了，因為這天是日本天皇首次看到大象的日子，所以就成為大象之日。

4月 / 29 昭和之日（昭和の日）

4月29日是很有趣的一天，在1927年到2007年的80年間總共換了四次名稱，但也一直都是日本的國定假日。

昭和天皇出生於1901年（明治34年）4月29日，當他在1926年12月25日即位為第一二四代天皇後，他的生日就成為我們前面說過的天長節，到了二戰結束後的1949年，天長節被改稱為天皇誕生日，之後昭和天皇於1989年1月7日逝世，明仁繼任為第一二五代天皇，天皇誕生日也跟著變成12月23日，因此4月29日這天的假日應該是要消失的，但考慮到4月29日已是重要連假黃金週的一環，因此日本政府就予以保留，加上皇室諮詢機構表示「昭和天皇對植物的研究造詣頗深，也深愛著大自然，用『綠』這個字來為假日命名相當適合」，因此這一年起4月29日就變成綠之日（みどりの日）。

2007年，日本修改休假制度，為了填補5月3日憲法紀念日與5月5日兒童之日中間的非假日空缺，綠之日被改至5月4日並訂為國定假日，而原本的4月29日假日仍予以保留，並再度更名為昭和之日。

4月 / 30 圖書館紀念日（図書館記念日）

古時候的日本將藏放許多書籍的地方叫做文庫、書庫或

書府，1872 年（明治 5 年）9 月 3 日，明治政府在東京創立了書籍館，這書籍館在 1880 年 7 月更名為東京圖書館，這圖書館一詞是明治政府在 1879 年教育令中所規範的新名詞，由英文 Library 意譯過來的，書當然是指書，但圖則是指地圖或附有插畫的文字資料，而東京圖書館則在 1897 年 4 月成為日本第一間國立圖書館：帝國圖書館，之後明治政府在 1899 年 11 月 11 日頒布了第一條圖書館的單獨法令：圖書館令。

　　二戰結束後的 1950 年 4 月 30 日，日本政府廢除過去數次修改的圖書館令，正式公布圖書館法，讓圖書館更能發揮國民文化教育的功能，迎向嶄新的時代，因此在 1971 年舉辦的全國圖書館大會之中，全體一致通過日本圖書館協會的提案，將 4 月 30 日訂為圖書館紀念日，同時將紀念日隔天起的整個 5 月，訂為圖書館振興之月（図書館振興の月）。

5月

（皐月）

5月／1 戀愛開始日（恋がはじまる日）

　　如果要展開一段新的戀情，就從 5 月 1 日開始吧！日文的戀與鯉都唸做こい（Koi），剛剛好與日文的 5、1 諧音，因此 5 月 1 日不但成為戀愛開始之日和鯉魚之日（鯉の日），二者之間還真的有點關係。

　　日本的化妝品廠商 Love Cosmetic 認為，懸掛鯉魚旗（鯉のぼり，Koinobori）具有祈求男生出人頭地的意義，のぼり除了是日文的幟，同樣也是上り、登り、昇り，因此他們在 2013 年將 5 月 1 日訂為戀愛開始日，希望女生在這天可以戀のぼり（Koinobori），發音雖然與鯉魚旗相同，但代表的是成就戀情。

　　此外，京都扇子團扇商工協同組合也在 1990 年將 5 月 1 日訂為扇之日（扇の日），因為在平安時代女作家紫式部所著《源氏物語》之中，女生會把扇子送給男主角光源氏，藉此傳達自己的愛意。

　　還有一個很可愛的：大阪的腳踏車安全帽廠商 OGK Kabuto 將 5 月 1 日訂為腳踏車安全帽之日（自転車ヘルメットの日），因為 5 月是日本的腳踏車月，而騎車安全必須要「從頭」做起，所以就選 5 月「開頭」的第一天來宣導安全帽的重要性吧。

5月/2　綠茶之日（緑茶の日）

1990 年，日本茶葉中央會將 5 月 2 日訂為綠茶之日，這是為什麼呢？日本有首傳唱百年的採茶歌，第一句就唱道：「快到夏天的八十八夜」，日本自古將八十八夜視為摘採新茶的好時節，所謂的八十八夜，就是立春起算的第八十八天，這時候已經不大會降霜，茶葉不會受到損害。八十八夜大多在 5 月 2 日前後，這天摘採的新茶被視為極品好茶，甚至有仙藥之譽，喝了就能長壽，此外雖然有個夜字，但採茶還是在天亮之後進行。

你聽過婚活嗎？這不是指婚姻生活，而是為了找（被害）人結婚所進行的活動，日本類似的詞還有就活（為就業而進行的活動，就活之後就救活了？），友活（為了找朋友而進行的活動？這好洋蔥）等數十種活。5 月 2 日也是婚活之日（婚活の日）（對，不是狩獵或下藥之日），這來自婚活的日文こんかつ（Konkatsu）裡有數字 5、2 的諧音。

5月/3　憲法紀念日（憲法記念日）

1945 年 8 月 15 日，日本宣布戰敗投降，盟軍隨即進駐日本並成立駐日盟軍總司令（GHQ），之後在麥克阿瑟將軍的主導下，日本於 1946 年 11 月 3 日公布全新的《日本國憲法》，並自 1947 年 5 月 3 日開時實施，取代明治天皇自

1890 年（明治 23 年）施行的《大日本帝國憲法》，國家整體邁入嶄新的篇章，之後從 1948 年起，憲法紀念日就成為日本的國定假日，同時也是黃金週的重要一環。

事實上在日本政府於 1946 年 2 月 8 日向 GHQ 提出《憲法改正要綱》之前，麥克阿瑟已自 2 月 3 日起祕密草擬 GHQ 版的日本憲法，並在 2 月 13 日回覆《憲法改正要綱》的會議中當場丟出《麥克阿瑟草案》，嚇壞了現場所有日本官員，之後日本政府即以《麥克阿瑟草案》為基礎，在 3 月 6 日完成修正草案，再經過文字口語化、投票、修正等程序，最後在 10 月 7 日完成現在的《日本國憲法》版本，而這一切全都必須通過 GHQ 的監督與認可。

5月 4 名片之日（名刺の日）

5 月 4 日是日本國定假日綠之日，理由我們已經在前面昭和之日談過了，那麼就來看看 5 月 4 日還是什麼好玩的日子吧。話說商場如戰場，當二軍相接首次打照面時，依照江湖慣例，當然得先亮出傢伙：名片。

現存所發現最古老的名片來自三國時代，當時叫做名刺，所以大家可以想像一下劉備初次拜會曹操時，場景應該是這樣的：劉備從懷裡掏出名片，恭敬地以雙手遞給曹操，鞠躬哈腰說道「啊呀！曹董～久仰大名～小弟是大漢股份有限公司小沛分公司經理劉備，還請多多關照！」呃，大概啦。5 月 4 日就是名片之日，來自名片的日文名刺（めいし，

Meishi）剛好與 5 月的英文 May、日文數字 4（Shi）諧音。

5月／5　兒童之日（こどもの日）

　　日本自古就在陰曆 5 月 5 日過端午節，因為這個時節盛產的菖蒲與日文的尚武（しょうぶ，Syoubu）同音，加上菖蒲葉的模樣跟刀劍很像，所以從武士當家的鎌倉時代開始，端午就漸漸變成小男孩的節日，有小男孩的人家會在這天掛鯉魚旗，擺出小鎧兜盔甲，布置金太郎的人偶或掛畫，來祈願小男孩平安健康長大。隨著明治改曆，日本的端午節從 1873 年起變成陽曆 5 月 5 日，然後經過 75 年，日本在 1948 年將 5 月 5 日訂為國定假日兒童之日，從此這天不再只是小男孩的節日，更是所有兒童的節日，而日本玩具協會也眼明手快地跟著在 1949 年把這天訂為玩具之日（おもちゃの日）。

　　小朋友要健康成長，營養自然不可或缺，日本海帶芽協會認為小朋友應該要多多攝食富含維他命與鈣質的海帶芽，因此就在 1983 年將兒童之日這天也訂為海帶芽之日（わかめの日）。

5月／6　可樂餅之日（コロッケの日）

　　我們前面提到美乃滋一詞來自法文 Mayonnaise，在此

則要恭喜老爺賀喜夫人，又可以多學到一句法文，那就是可樂餅 Croquette！是的，可樂餅就是從法文來的，而這一天是可樂餅之日的原因，則來自可樂餅的日文コロッケ（Korokke）裡有數字 5、6 的諧音。

可樂餅與咖哩飯、炸豬排合稱為大正三大洋食，但最初的可樂餅可是身價非凡，根據資料，1917 年（大正 6 年）的炸豬排價格是 13 錢，牛排 15 錢，可樂餅卻要賣到 25 錢，但是從 1927 年起，可樂餅就演變成許多肉舖兼賣的便宜小吃。我們許多人都吃過可樂餅，但你聽過「颱風可樂餅」嗎？2001 年 8 月 21 日，中度颱風帕布正接近日本，一位網友在網路上留言「為了以防萬一，我去買了 16 個可樂餅，但已經嗑掉 3 個」引發眾網友紛紛仿效，之後店家也開始配合颱風進行可樂餅大特賣，結果到了今天，只要颱風一接近日本，大家就跑去買可樂餅。

5月 / 7　博士之日（博士の日）

先聲明喔，博士之日的由來，絕對跟大木博士或是阿笠博士一點關係也沒有。1888 年（明治 21 年）5 月 7 日，植物學家伊藤圭介等 25 人被日本文部省（相當於教育部）授予博士稱號，成為日本第一批現代的博士，博士之日就是這麼來的，不過這 25 人都沒有、也不需要提出論文，要再過三年之後的 1891 年，首位透過論文拿到博士的人才會出現，此外當時的日本除了博士之外，還設有大博士的學位，但是

因為一直都沒有人當上大博士，所以又在 1898 年廢除掉了。

在首位博士出現 39 年後，日本的第一位女博士才在 1927 年（昭和 2 年）4 月 20 日誕生，她就是當時 41 歲的植物學家保井コノ（Kono），以日本煤炭的研究論文獲得東京帝國大學理學博士的學位。

5月/8 松樹之日（松の日）

講到日本庭園，我們就會想到竹子與松樹，萬年長青的松樹在日本不僅有長壽不老的寓意，更被視為神明下凡時寄宿的樹，有些枝幹往下生長的松樹，還被說是神明下凡踩踏所致，而被稱做神樣松，松樹的日文叫做まつ（Matsu），與等待（待つ，Matsu）、祭祀（祀る，Matsuru）同音，據說可能就是來自等待神明、祭祀神明之意。日本的松之綠守護會在 1989 年將 5 月 8 日訂為松樹之日，因為他們在 1981 年的這天首度於奈良舉辦全國大會，此外這時候接近國定假日綠之日，是松樹最為翠綠的時候。

在許多日本的和式料理餐廳中，都設有松、竹、梅三種套餐，等級由上往下依序也是松、竹、梅（除了很少數的店例外），如果遇到有人請客，閉著眼睛將松套餐給他熊熊點下去就對了。

5月／9 呼吸之日（呼吸の日）

看過人氣動漫《鬼滅之刃》的朋友都知道，呼吸真的是很重要、很重要的一件事，我在這兒也偷偷地告訴大家，其實這本書裡的文章啊，都是我一邊呼吸一邊寫的喔（讀者：廢話，我也是一邊呼吸一邊讀的啊）。日本呼吸器障礙者情報中心基於呼吸的日文こきゅう（Kokyuu）與數字 5、9 諧音，就把 5月 9 日訂為呼吸之日。對，就這樣，沒別的，我只是想寫呼吸而已。（我正在全集中耍廢）

除了呼吸之日外，5 月 9 日也是黑板之日（黑板の日），據說日本最早的黑板就是在 1872 年 5 月從美國運來的，日本的全國黑板工業連盟就以黑板的日文こくばん（Kokuban）裡有數字 5、9 的諧音，選定 5 月 9 日為黑板之日。此外，日本最初的冰淇淋在 1869 年（明治 2 年）的 5 月 9 日開始販售（雖然無法確定是否真的是這一天），因此東京冰淇淋協會也在 1965 年將 5 月 9 日訂為冰淇淋之日。

5月／10 女僕之日（メイドの日）

大家都知道，過膝襪在人類漫長的歷史中，扮演著不可或缺的重要角色，試想若是沒有過膝襪，就無法在大腿產生絕對領域；若沒有絕對領域，女僕咖啡廳的女僕裝就失去了意義；如果沒有女僕咖啡廳，人類文明不就結束了？（編輯：

呃，所以你的文明只有女僕咖啡廳，而根源來自大腿？）5 月 10 日之所以是女僕之日的原因，來自女僕的日文叫做メイド（Meido，源自英文 Maid），5 月的英文是 May，日文數字 10 諧音是ド（Do），將這二個字合在一起，就是女僕了！

5月/11 長良川鵜飼開始日
（長良川鵜飼い開きの日）

　　這一天來自日本知名的長良川鵜飼活動，就是在每年 5 月 11 日開始，然後於 10 月 15 日結束。

　　日本自古就有運用鸕鷀捕魚的做法，日文的鸕鷀叫做鵜（う，U），根據《日本書紀》記載，早在第一代神武天皇的時候，就有專人負責鵜飼捕魚。在日本各地的鵜飼之中，岐阜縣岐阜市長良川的鵜飼歷史不但長達 1,300 年以上，而且自古就有為宮廷、足利義教、織田信長服務的紀錄。在江戶時代，長良川鵜飼受尾張德川家所保護，但進入明治時代後因無人支持而面臨沒落消失危機，幸好在 1890 年（明治 23 年），長良川成為日本唯一皇室御用的鵜飼場，讓鵜飼人擁有宮內廳式部職鵜匠的身分，成為宮內廳的正式職員，也是貨真價實的國家公務員，而且還是世襲制，他們鵜飼所捕到的香魚除了送到皇居供皇室享用之外，也會奉納至明治神宮與伊勢神宮。

5月/12 螯蝦之日（ザリガニの日）

螯蝦又叫做小龍蝦，日本原本並沒有這種淡水蝦，現在卻到處都有，這故事得從 1927 年（昭和 2 年）的 5 月 12 日那天講起。

在當年，日本人完全沒有吃螯蝦的想法，卻很時興養殖食用蛙，鎌倉食用蛙養殖場的河野芳之助在前往美國考察牛蛙養殖之後，將 200 隻螯蝦帶回日本，打算繁殖作為牛蛙飼料，這些螯蝦就在上述的日期抵達日本，5 月 12 日就因為這樣的緣故成了螯蝦之日，而鎌倉也被稱作美國螯蝦在日本的故鄉，但經過千里跋涉，此時到港的 200 隻螯蝦只剩下 20 隻存活，好吧，那就從 20 隻開始養吧，之後一場大雨造成洪水，讓一部分螯蝦逃到河川中，接著就如同野火燎原一般，螯蝦漸漸出現在日本各地，到 1960 年時，連九州都出現螯蝦的蹤跡，成為嚴重威脅日本原有生態的外來物種。

除了螯蝦之日外，因為這天是南丁格爾的生日，因此國際護理師協會和日本厚生省都將這天訂為護理師之日（看護の日）。

5月/13 竹醉日（竹酔日）

竹醉日？這是什麼特別的日子？原來根據中國傳到日本的古老說法，在每年陰曆 5 月 13 日這天，先拿酒把竹子給

 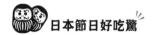

灌醉，然後趁著竹子茫到搞不清楚狀況、高唱哇沒醉哇沒醉的時候，把竹子移植到別的地方去，被移植的竹子就會長得頭好壯壯非常繁茂，完全不知道自己曾經被人撿屍、不，搬家過，竹醉日就是這麼來的。

　　巧合的是，這一天同時也是雞尾酒之日（カクテルの日），這來自在 1806 年 5 月 13 日這天，美國的週刊報紙首度把「到底什麼是雞尾酒」給做了定義，因此日本四個調酒師團體就在 2011 年將 5 月 13 日訂為雞尾酒之日。對了，這些調酒師團體之一是成立於 1929 年的日本調酒師協會（Nippon Bartenders Association），簡稱為 NBA，比 1964 年成立的美國職籃 NBA 還早了 35 年呢。

5月/14　劍玉之日（けん玉の日）

　　所謂的劍玉，就是在一根木棒上綁條繩子，繩子一端連著個球，然後遊玩者甩動繩子、嘗試將球插入木棒，或是停靠在木頭平台的日本民俗玩具。世界各地許多地方自古都有類似的玩具，我們現在所看到的劍玉雛形，則是出現於 16 世紀的法國，之後輾轉傳入日本，但模樣與現今差距不小，而類似現代十字狀、像似小木槌的劍玉，則是廣島縣吳市的江草濱次在參考江戶時代的劍玉之後，所設計發展出來的全新造型，並於 1919 年（大正 8 年）5 月 14 日登記專利（當年的名稱叫日月球），因此日本的國際劍玉網絡（Global Kendamas Network）在 2012 年就選定這天作為劍玉之日。

5月/15 水分補給之日（水分補給の日）

在此熱誠地歡迎各位，再次參加我們的腦筋急轉彎，這回的題目是這樣的：日本膳魔師（THERMOS）以製造保溫杯聞名，他們將5月15日訂為水分補給之日，但為何會選這一天呢？五、四、三、二、一，不管你有沒有想到，我們要公布答案囉！原來膳魔師經過多項研究，發現在運動之後，或是身處於盛暑之中，最適合水分補給的水溫是5度到15度，所以才會是5月15日！你想到了嗎？沒關係，我也想不到！（泣）

講到運動，日本最受歡迎的運動除了棒球之外，在1993年5月15日開踢的職業足球J聯盟也大受年輕人與孩童所喜愛，因此這天也是J聯盟之日（Jリーグの日）。

5月/16 旅行之日（旅の日）

日本旅行記述俱樂部在1988年將5月16日訂為旅行之日，原因來自日本古今最知名的旅行者：松尾芭蕉。

被尊稱為俳聖的松尾芭蕉從1684年起開始到日本各地旅行，在櫻花盛開的1689年5月16日這天，46歲的松尾芭蕉啟程從江戶的深川出發，展開他一生中最重要也最遙遠的《奧之細道》旅程，因此這天就成為旅行之日。這趟旅程全長共約2,400公里，全靠步行的松尾芭蕉足足花了二年時間，

才在 1691 年回到江戶城，並於三年後的 1694 年去世。

5月/17 茶泡飯之日（お茶漬けの日）

　　茶泡飯是日本特有的平民美食，茶泡飯之日就是由日本發明並生產茶泡飯海苔香鬆的大廠永谷園在 2012 年訂定的，但為何是這天呢？永谷園認為，要有好吃的茶泡飯，就得先有好喝的日本煎茶，而好喝的煎茶則來自三百多年前的江戶時代。

　　1681 年，永谷宗圓（宗七郎）出生於京都近郊種植宇治茶的農家，他長大後花了十五年時間研發出青製煎茶製法，成為現在日本綠茶的主流，之後宗円在 1778 年陰曆 5 月 17 日以 98 歲天年歸西，茶泡飯之日就是來自宗圓的忌日，而永谷園的創辦人永谷嘉男，則是宗圓的直系子孫。

5月/18 言葉之日（ことばの日）

　　日文的言葉（ことば，Kotoba）指的是說出聲的話語，或是寫下的文字，也就是傳達想法、心意、思緒的方式，5 月 18 日之所以是言葉之日，來自於ことば與數字 5、10、8 諧音，但是不寫成漢字的言葉，而是寫假名ことば，代表對使用手語和點字的聾啞盲胞的體貼，這也是「傳達想法」的真義。

日本傳統上認為聲音或言語是寄宿著靈力的，例如到神社參拜時必須拍掌，就是藉由掌聲向神明表示感謝，以掌聲請神明出來，或是藉此驅除邪氣，而日本也有言靈一詞，你今天所說的話，都會對現實世界產生某種影響，像是說好話會有好事，說壞話就會有壞事發生，所以人們要對自己所說的話語小心謹慎。

除了言葉之日外，因為 5 的英文是 Five，後面再加上日文數字 1、8 的諧音 i、ba 的話，唸起來就跟纖維的日文ファイバー（Faiba-）很像，所以這天也是纖維之日（ファイバーの日），這是日本的學術團體：纖維學院在 2005 年訂定的。

5月/19 拳擊之日（ボクシングの日）

雖然對於許多夫婦而言，每天都可以是歡樂無比的拳擊之日，但這兒所說的拳擊之日則是要紀念日本第一位世界拳王的誕生。

白井義男出生於 1923 年，21 歲時進入職業拳擊界，在二戰結束 7 年後的 1952 年 5 月 19 日這天晚上，他對上出身美國夏威夷的世界蠅量級拳王：達多・馬里諾（Salvador "Dado" Marino），擂台則設在知名的東京後樂園球場正中央。在四萬五千名觀眾熱烈注目與呼喊加油聲中，白井義男歷經十五回合奮戰，最終以判定勝贏得頭銜，成為第一位日本出身的世界拳王，因此這天就成為拳擊之日。在此之後，白井義男曾四度成功衛冕拳王頭銜，之後在 1955 年從拳擊界退

休，並於 2003 年以 81 歲之齡逝世。

5月/20 森林之日（もりの日）

　　1989 年，日本岐阜縣美並村、茨城縣的美和村與美浦村、三重縣的美杉村與美里村、長野縣美麻村、和歌山縣美山村、岡山縣美甘村、德島縣美鄉村與愛媛縣美川村等 10 個座落在鄉間山林，而且名字中有美字的村莊，召開全國美麗村莊會議進行交流，之後在 1999 年成立美麗村莊聯邦，並將 5 月 20 日訂為森林之日，這是因為森林二個字裡總共有 5 個木，而總筆劃加起來是 20 劃，所以就是 5 月 20 日了。只是在那之後，日本政府展開市町村大合併，現在除了茨城縣美浦村外，其他九個村都已被合併而不復其名。

5月/21 偵探之日（探偵の日）

　　明智小五郎、金田一耕助，或是現在如日中天的柯南，都是日本有名的偵探（雖然最後那位應該正名為米花市的死神），但要探究日本偵探的歷史，就得從一百多年前談起。

　　1889 年（明治 22 年），東京日本橋的士族光永百太創辦了日本第一家偵探社，而日本最早的私家偵探事務所，則是 1895 年（明治 28 年）由刑警轉職的 30 歲前警官岩井三郎所設立，至於日本偵探協會所選定的偵探之日，則來自在

1891 年 5 月 21 日這天，一家名叫帝國探明會的偵探社在《朝日新聞》刊登了日本史上第一則偵探社廣告，內容寫道：「調查詐欺師或賊人的所在，或是調查他人的行動」。順帶一提，日本目前有四千多個私家偵探，而且還有專門的偵探學校喔。

5/22 輔助犬之日（ほじょ犬の日）

　　相較於統治人類的貓咪，狗狗一直是人們忠實的好朋友，除了陪伴我們之外，許多狗狗還在實際層面協助我們的生活，像是牧羊犬、緝毒犬以及輔助犬。輔助犬是指經訓練專門協助身障人士的狗狗，基本上分為協助視障朋友的導盲犬，協助肢障朋友的介助犬，以及協助聽障朋友的聽導犬，導盲犬與介助犬大家比較容易了解，聽導犬則比較特別，它們被訓練成在聽到火災警報、保全警報、門鈴、電話或是鬧鐘的時候，會對主人做出動作，讓主人了解有某件事正在發生，並誘導主人走向聲音的方向，特別是在火災警報發生時，聽導犬還會把沉睡的主人撞醒並引導避難。

　　日本介助犬協會將 5 月 22 日訂為輔助犬之日，因為在 2002 年 5 月 22 日這天，日本參議院通過了身體障礙者輔助犬法案，為日本的輔助犬友善環境樹立了里程碑。

5月/23 接吻之日（キスの日）

二次大戰剛結束的 1946 年 5 月 23 日，電影《20 歲的青春》男主角大坂史郎與女主角幾野道子演出了日本電影史上第一個接吻鏡頭，讓所有觀眾大為震撼，這就是接吻之日的由來。拜這破天荒的接吻之賜，此部電影在當年場場爆滿，而這個畫面竟然是在駐日盟軍總司令部（GHQ）的要求之下誕生的？

二戰結束後，盟軍進駐戰敗的日本成立 GHQ，對日本進行全面管理與思想改造。在《20 歲的青春》上映前，有一部電影《那一夜的接吻》先行上映，只是片名雖有接吻二字，但電影中所謂的接吻畫面卻是用傘遮著掩飾過去的，這讓 GHQ 大為不滿，他們說「談情說愛卻沒有接吻，這太不自然了！」而且 GHQ 認為接吻是代表自由的意識表現，因此要求《20 歲的青春》導演佐佐木康硬是把原本設定的擁抱給改成接吻，從而促成日本電影史上第一個接吻畫面。

無獨有偶地，這一天也是情書之日，而且同樣與電影有關。得過直木獎的日本作者淺田次郎短篇小說《ラブ・レター》（Love Letter）在 1998 年 5 月 23 日改編為電影上映，電影公司松竹就以上映日期數字的 5、2、3 諧音與日文的恋文（こいぶみ，Koibumi，也就是情書）諧音之故，將 5 月 23 日訂為情書之日（ラブレターの日）。

5月/24 氧氣筒潛水之日（スクーバダイビングの日）

日本的休閒潛水認證卡普及協議會將 5 月 24 日訂為氧氣筒潛水之日，其原因再度考驗大家的腦筋急轉彎能力，你想得出來嗎？答案就是……日文的 5 唸做ご（Go），2 唸做つ（Tsu），4 唸做し（Shi），將 5、2、4 合在一起唸，你就會得到英文的 Go to sea！解鎖完成！

除了潛水之外，這天也是高爾夫球場紀念日（ゴルフ場記念日），因為在一百多年前的 1903 年（明治 36 年）5 月 24 日，日本第一座高爾夫球場：神戶高爾夫俱樂部正式開幕。這座位於神戶六甲山的球場，是英國商人古魯姆（Arthur Hesketh Groom）為了自己的休閒與社交目的所蓋的，所以當時只限外國人使用，而且只有 4 個球洞。這座球場到今天還在（當然已經是 18 洞），而球場瑰麗的館舍則是建於1932 年。

5月/25 餐車之日（食堂車の日）

1899 年（明治 32 年）5 月 25 日，日本鐵道出現了第一輛餐車，讓這天成為餐車之日。隨著時代發展，日本鐵道越來越四通八達，但依當年火車的速度，代表乘客搭乘的時間也會變得越來越長，日本民營的山陽鐵道從京都車站到三田尻車站總長五百多公里，即使是急行車，仍然得坐上十三小

時，為了不讓乘客餓肚子，山陽鐵道就率風氣之先裝設了餐車，話雖如此，但當時的車廂有分一等、二等與三等，而餐車僅為尊貴的一等車廂乘客服務。

這日本的第一輛餐車，在車廂正中央配置了一張長桌，左右各設有五張座席，提供的則是三種等級的西餐，第一等級要價 70 錢，而當年買 10 公斤白米的價格是 67 錢，吃碗蕎麥麵更只要 1 錢 8 厘。雖然要價不斐，而且火車還搖得亂七八糟，但仍因為「可以一邊欣賞流動的風景一邊吃西餐，實在好摩登喔」而大受好評。

5月/26 泉源直流溫泉之日 （源泉かけ流し溫泉の日）

　　日本的溫泉何其多，但也充斥不少人工溫泉、再循環溫泉、添加自來水溫泉，於是日本的溫泉愛好者開始追尋泉源直流溫泉，也就是溫泉的最原點：將溫泉的源流直接導入湯池，並且一邊流入一邊流出不做循環。鎌倉時代的第八十四代順德天皇將宮城縣的秋保溫泉、長野縣的別所溫泉以及野澤溫泉選為日本三御湯，其中的野澤溫泉將 5 月 26 日訂為泉源直流溫泉之日，這來自於極上泡澡的日文極上な風呂（ごくじょうなふろ，Gokujyou na furo）裡頭有數字 5、2、6 的諧音。

　　說到溫泉，混浴溫泉是許多男人畢生憧憬的夢想，但事實上日本的混浴溫泉已從 1990 年代的 1,200 個，減少到 2020 年的 196 個，就算被你找到，絕大多數的女生也會穿

著泳裝，或是把浴巾裹好裹滿，根據專業（？）的網友研究，實際能看到某些景象的機率不到 2%，而且出現的還很可能會是阿婆。

5月／27　脊椎之日（背骨の日）

5 月 27 日之所以是脊椎之日的原因，其實還蠻有趣的。脊椎是一節一節拼起來的，每個人都有 5 節的腰椎，12 節的胸椎，還有 7 節的頸椎，位於北海道札幌市的脊椎 Conditioning 協會心想，那我們就拿 5 月 27 日來作為脊椎之日好了，可是等一下！數字 12 在哪裡？原來得把 5 月 27 日寫成「5/27」……哦哦你看！這不就有 12 了嗎？哈哈哈哈（我忽然有種脊椎快被凹斷的感覺……）。

除了頸椎、胸椎與腰椎之外，脊椎的最下方還有骶骨（日文稱為仙骨）與尾骨，而且我也認真地查過，確定（可惜）並沒有尾椎之日。

5月／28　煙火之日（花火の日）

日文的花火就是煙火，5 月 28 日之所以成為花火之日，是為了紀念東京每年夏季盛事：隅田川花火大會的起源，但在當年與其說是看熱鬧，不如說是辦普渡。

1732 年，日本發生嚴重的大饑荒，再加上霍亂肆虐，

造成許多民眾死亡，為了弔祭亡靈並撫慰人心，德川幕府在慶祝河岸納涼季節開始的同時，結合川施餓鬼的精神，於1733 年陰曆 5 月 28 日在隅田川舉辦水神祭，此時隅田川的船宿與料理屋獲得幕府同意，共同集資施放了第一次煙火，這就是今天隅田川花火大會的起源，煙火之日也是這麼來的。

現今的隅田川花火大會，固定在每年 7 月最後一個星期六晚上於淺草寺與東京晴空塔之間的隅田川河岸舉行，施放煙火總數達到二萬發，而 1733 年首度施放的煙火，則大概只有二十發。

5月/29 蒟蒻之日（こんにゃくの日）

日本蒟蒻協會在 1989 年將 5 月 29 日訂為蒟蒻之日，因為蒟蒻的日文こんにゃく（Konnyakku）裡有數字 5、2、9 的諧音，說起吃的蒟蒻我們都很熟悉，但你聽過蒟蒻閻魔嗎？

位於東京都文京區小石川的緣覺寺，寺內供奉著一尊特別的閻魔大王像，因為這尊閻魔大王的右眼是混濁一片。據說在二百五十多年前，一位罹患眼病的老婆婆每天都來向閻魔大王祈願，某天晚上閻魔大王現身在老婆婆的夢中，對她說：「我把一只眼睛送給妳吧！」之後老婆婆的眼睛果然奇蹟般地復原，但閻魔大王像的右眼就變成混濁的模樣，為了感謝閻魔大王，老婆婆就把自己最愛吃的蒟蒻作為供品獻給

閻魔大王，從此這尊閻魔大王就被人們稱為蒟蒻閻魔。

除了蒟蒻之日外，這天也是幸福之日（幸福の日），因為幸福的日文こうふく（Koufuku）裡同樣有數字5、2、9的諧音，對於光吃蒟蒻就覺得很幸福的人而言，這天應該是最棒的一天。

5月/30 零垃圾之日（ごみゼロの日）

周星馳1994年的電影《破壞之王》創造出許多的經典，像是這句：「我是說在座的各位，都是垃圾」。日文的垃圾ごみ（Gomi）與數字5、3諧音，所以5月3日也是垃圾之日（ごみの日），但我先前略過沒提，是因為我覺得在人家的憲法之日講垃圾好像怪怪的，不過幸好還有個5月30日，只是在垃圾（53）後面再加個0，就讓這天變成零垃圾之日。

1975年，愛知縣豐橋市率先發起530（零垃圾）運動，在每年的5月30日提醒並鼓勵市民做到垃圾減量與不亂丟垃圾，這運動很快地擴展至日本各地，到了1985年時，530運動已經成為日本全國性的活動，零垃圾之日也是在這一年訂定的。

5月/31 古材之日（古材の日）

有時候東西不見得越新越好，像是拿來蓋房子的木材。

 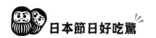

日本傳統的房子都由木材建成，而在昭和 25 年（1950 年）之前建好的房子所使用的木材，就被日本人稱做古材，但你知道古材擁有許多優點嗎？

在當年，日本的樹木質量非常豐富，大家都可以使用較上等的木材來建房，這些木材經過長年累月的自然乾燥，具有非常高的強度，但現代砍伐的木材則都使用高溫強制乾燥，一來在強度上較低，二來也讓木材喪失調溫調濕功能，此外古材擁有歲月留下的色澤、痕跡與韻味，就像家裡的老公老婆一樣（喂！），也是新木材無法比擬的，因此古材事業公司 Aesthetics Japan 就以古材（こざい，Kozai）與數字 5、3、1 諧音的緣故，將 5 月 31 日訂為古材之日，希望大家資源利用、環保再生，多多運用古材，同時將日本傳統的居住文化與技術傳予後世。

6月

（水無月）

冰之日（氷の日）

　　日本冷凍倉庫協會將 6 月 1 日訂為冰之日，這是因為在江戶時代，加賀藩每年都會派遣飛腳花上四天時間，狂奔 480 公里，趕在陰曆 6 月 1 日這天向江戶城裡的將軍府獻上冰塊，當時的川柳形容這是「五瓣之花獻上六瓣之花」，五瓣之花是加賀藩前田家的家紋，六瓣之花則是指雪花。此外自平安時代以來，日本皇宮也把陰曆 6 月 1 日稱為冰之朔日，每年到了這一天，宮內就會把冰室打開取出冰塊，讓天皇與臣子共享吃冰的樂趣。

　　除了冰之日外，日本寫真協會也在 1951 年將這天訂為照相之日（写真の日），這源自在 1841 年陰曆 6 月 1 日這天，長崎的御用商人上野俊之丞拿著從荷蘭人那兒得到的相機，為當時的薩摩藩主之子島津齊彬拍照，這是日本人首次的拍照，所以這天成了照相之日。但是在多年過後，寫真協會發現：他們搞錯日期了，島津齊彬拍照的日子應該是 1857 年陰曆 9 月 17 日，而且在他之前拍照的還另有他人，那麼要更改日期嗎？他們想想，既然大家都已經習慣了，嘛，就算了。

　　6 月 1 日的節日很多，這裡再補充三個：日本口香糖協會在 1994 年也將 6 月 1 日訂為口香糖之日（チューインガムの日），這來自從平安時代以來，日本就有在陰曆 1 月 1 日與 6 月 1 日嚼食鏡餅、柿乾等硬東西來祈求長壽兼固牙齒的習俗，此外日本第一個氣象台：東京氣象台在 1884 年（明

治 17 年）6 月 1 日成立，所以這天也是氣象紀念日（気象記念日），然後到了 1993 年，日本的徽章工學協會也將這天訂為徽章之日（バッジの日），問他們為什麼，他們說很簡單啊，因為徽章的日文きしょう（Kisyou）與氣象きしょう一樣啊⋯⋯這也繞太多圈了吧！

背叛之日（裏切りの日）

在日本漫長的歷史中，要說最為知名、對後世影響最大的背叛事件，應該非本能寺之變莫屬。正所謂伴君如伴虎，明智光秀從 1568 年開始跟隨織田信長，經過 14 年後終於抓狂啦！ 1582 年陰曆 6 月 1 日，信長在京都的本能寺舉辦茶會，當晚就睡在寺裡。6 月 2 日天還未明之時，明智光秀喊道：「敵人就在本能寺！」親率上萬大軍攻進寺內，本能寺隨即陷入大火，頑強抵抗的信長最終選擇自盡並消失於熊熊烈焰之中，因此把 6 月 2 日訂為背叛之日真的是挺貼切的。

將天下人（意即掌握天下之人）信長幹掉的明智光秀，曾有短短幾天成為天下人，因此日本人稱他為「三日天下」（三日意喻短暫），但光秀隨即在 6 月 13 日敗給前來討伐的羽柴秀吉（也就是日後的豐臣秀吉），最後命喪鄉民手中，呃，這個是指鄉間的純正小民，而不是網路鄉民喔（廢話）。（嗯，今天真是搞背叛的好日子啊～）（遠目＋菸）

6月/3 竹筴魚之日（あじの日）

　　竹筴魚是日本非常重要的食用魚，不管是油炸或是做成一夜乾都非常好吃，山口縣的漁業者為了推廣他們家的竹筴魚，在 1997 年將 6 月 3 日訂為竹筴魚之日，但要搞懂為何會選擇這天，就真的需要一點學問了。首先，6 月捕獲的竹筴魚最為美味，所以選擇 6 月是可以理解的，那麼 3 日的 3 又是什麼意思？原來竹筴魚的日文漢字寫做「鯵」，亦即在魚字旁再加一個參字，而參也就是三啊。

6月/4 蟲蟲之日（虫の日）

　　我們前面談到日本漫畫大師手塚治虫本名手塚治，因為從小就很喜歡昆蟲，所以才會把筆名取為治虫，他還在 1988 年 6 月 4 日這天成立日本昆蟲俱樂部並擔任初代會長，之所以在這天創立，是因為日文的虫（むし，Mushi）剛好與數字 6、4 諧音，日本昆蟲俱樂部同時也把這天訂為蟲蟲之日。好玩的是，有另外二個看似八竿子打不著邊的東西，也都跟這一天有關，一個是蛀牙，另一個則是香港腳。

　　早在 1928 年（昭和 3 年），日本齒科醫師會就因諧音的關係將 6 月 4 日訂為蛀牙預防日，原因是日文的蛀牙叫做虫齒（Mushiba），這源自古早的人們真的相信蛀牙是由蛀蟲所造成的，這個蛀牙預防日演變至今，已成為每年 6 月 4

日到 10 日的牙齒及口腔健康週。那麼香港腳咧？香港腳的日文水虫（Mizumushi）一詞最早出現於江戶時代，當時在田裡工作的農夫雙腳整天泡在水裡，常常會奇癢無比，他們懷疑是被水中某種蟲叮咬所致，所以就稱其為水虫，日本的香港腳藥廠商也是基於諧音之故，將 6 月 4 日訂為香港腳治療之日（水虫治療の日）。

6月/5 落語之日（落語の日）

落語（らくご，Rakugo）是日本從江戶時代流傳至今的傳統表演藝術，類似我們的單口相聲，特色是由一人演出二人以上的各種角色，講述內容雖然也會有人間溫情或妖魔怪談，但主要仍是以逗趣詼諧的故事為主，而故事講到最後，就會出現讓聽眾捧腹大笑的意外轉折或突破，這樣的轉折在日文叫做落ち（おち，Ochi），所以才被稱做落語，也因為落語的日文裡有數字 6、5 的諧音，6 月 5 日才成為落語之日。

不管是公司行號，還是商店餐館，各式各樣的商標充斥在我們生活周遭，商標的英文 Logo Mark 在日文叫做ロゴマーク（Rogo ma-ku），同樣有數字 6、5 的諧音，所以這天也是商標之日（ロゴマークの日）。

青蛙之日（かえるの日）

6月6日之所以是青蛙之日，來自日文把青蛙叫聲唸做「けろけろ」（Kero Kero），而ろ（Ro）與數字6諧音，所以就是這天了，此外 Kero Kero 這個唸法有沒有讓你覺得很熟悉？對，日本動漫《Keroro軍曹》的名稱就是這麼來的。

如果你覺得這天並不適合穿著青蛙裝去上班或是逛大街來慶祝一番，你也可以在這天慶祝樂器之日（楽器の日），這是日本的全國樂器協會在1970年訂定的，因為日本自古就有一種說法，如果要學習樂器、歌舞伎、能劇等才藝的話，最好從小孩6歲那年的6月6日開始，這樣就可以學得很好喔。

日本的助聽器業者在1999年將6月6日訂為助聽器之日（補聴器の日），一來6的樣子很像耳朵，二個6就是二個耳朵，另一方面3月3日因為3、3的諧音與耳的日文みみ（Mimi）相同，所以日本耳鼻咽喉科學會在1956年將其訂為耳朵之日，而助聽器是在原有的耳朵上再加強，所以是3月3日×2，就等於6月6日了。順帶一提，日本耳鼻咽喉科學會還在1961年將8月7日訂為鼻之日（鼻の日），這來自鼻的日文はな（Hana）與數字8、7諧音。

6月/7 除毛之日（ムダ毛なしの日）

除毛商品大廠 Veet 將 6 月 7 日訂為除毛之日，一方面這時候進入夏天了，大家得趕緊把身上不該出現的毛給整理一下，免得跑出來見客嚇人，此外除毛的日文ムダ毛なし（Muda ke nashi）裡有數字 6、7 的諧音，拿來除毛真是剛剛好。

日本的頸部挫傷治療協會也將這天訂為頸部挫傷治療之日（むち打ち治療の日），頸部挫傷大多來自交通事故或運動意外，讓頸椎遭受嚴重晃動，但因為脖子像鞭子甩來甩去一樣，日本人就把這樣的症頭給叫做鞭打症，而日文的鞭打治療（むち打ちをなおそう，Muchiuchi wo naosou）裡有數字 6、7 的諧音，所以就是這天了，但因為日文確實是鞭打無誤，所以這天在網路上，會出現一些有點怪怪、但又讓人不知為何有點興奮的鞭打圖。

6月/8 bB 之日（bB の日）

許多小坪數的房子會標榜天花板的挑高特別高，讓你在小空間裡也能擁有寬敞感受，車子也是一樣，日本從 1972 年起開始出現一種新車款 Tall Wagon，這個英文詞又是日本人自己發明的，代表車身很高的方方正正小廂型車。Tall Wagon 推出之後，非常受到年輕人與女性駕駛的喜愛，而

TOYOTA 在 2000 年推出的小廂型車 bB 更是擁有無數車迷，這些車迷就將 6 月 8 日訂為 bB 之日，看到 bB 與 68 這二組字的長相，理由應該不用我再解釋了，但需要說明的是為何這款車會叫做 bB ？根據 TOYOTA 的官方說明，他們認為「無限擴展的未知可能性」的具體形象就是個黑盒子，所以就用 black Box 的字首 bB 來為這輛車命名。

搖滾之日（ロックの日）

　　日本網路上的搖滾之日有二個，一個是貓王艾維斯‧普里斯萊（Elvis Presley）的生日 1 月 8 日，另一個就是 6 月 9 日，來自搖滾的日文ロック（Rokku）與數字 6、9 諧音。

　　只是呢，大家都知道英文的 R 與 L 在日文唸起來都是一樣的，所以ロック既是指 Rock 搖滾，但也可以說是 Lock 鎖頭，日本鎖頭安全協同組合就在 2001 年將 6 月 9 日訂為鎖頭之日，日文同樣是ロックの日，因此很可能會發生以下的狀況：你忽然發現村裡在 6 月 9 日這天舉辦ロックの日，心想：哇！原來這雞不生蛋鳥不拉屎的鬼地方，也有搖滾的同好啊！於是你換上一身最勁爆的搖滾造型，揹上電吉他火速趕抵現場，卻看到一群老阿公老阿婆搖頭晃腦，拿著鎖頭等著給鎖匠修理。

6月/10 時間紀念日（時の記念日）

明治維新讓日本急速地朝向西洋化與現代化邁進，對時間的觀念也必須較農業社會更加精確，到了 1920 年（大正 9 年），日本的生活改善同盟會為了教導民眾守時的重要性，不但舉辦了時間博覽會，同時將 6 月 10 日訂定為時間紀念日，為什麼是這天呢？根據古書《日本書紀》記載，第三十八代天智天皇於西元 671 年陰曆 4 月 25 日「置漏尅於新臺。始打候時動鐘鼓。始用漏尅。此漏尅者天皇爲皇太子時始親所製造也。」這就是日本最初關於時鐘報時的描述，文中的漏尅又寫做漏刻，也就是從中國大唐傳來的水滴時鐘，報時的時候會敲鐘打鼓，而把當年的那一天換算回陽曆的話，就是 6 月 10 日。

6月/11 傘之日（傘の日）

日本洋傘振興協議會在 1989 年將 6 月 11 日訂為傘之日，因為這個日期前後正好是陰曆上入梅的時節，也就是要進入雨季了。

說到傘，大家聽過日文的相合傘（あいあいがさ，Aiaigasa）嗎？這是兩人共撐一把雨傘的意思，但通常用來指男女共撐雨傘，而且日文相、合的發音剛好都與愛字相同，因此我們常會在日劇動漫裡看到學生在黑板上塗鴉，先畫一

個三角形當傘，再畫一條直線當傘柄，然後在直線左右寫上男女生的名字，意喻二個人正在談戀愛。前天皇明仁與皇后美智子在出席公開活動時，若是遇到下雨，準備的並不是高雅亮麗的雨傘，而是日本特產的透明塑膠雨傘，因為這樣他們才能看到大家的臉，好跟大家打招呼，同時也讓民眾可以清楚地看見他們。

6月/12 戀人之日（恋人の日）

日本的全國額緣組合連合會在 1988 年將 6 月 12 日訂為戀人之日，額緣（がくぶち，Gakubuchi）就是日文的畫框、相框，但為何一群賣畫框相框的人會想要訂定戀人之日呢？原來這跟巴西聖保羅的一項風俗有關。

帕多瓦的聖安多尼（Sant' Antonio di Padova）在 1231 年 6 月 13 日以 37 歲之齡去世後，被封為天主教聖人，他不但是歐美人口中的結婚聖人（santo casamenteiro）、結緣神、專治不孕症與女生守護神，許多人在尋找失物時也會向他祈禱（默念三遍聖安多尼即可）（原來是一位斜槓的聖人啊）（聖人你好，我的良心在 20 年前搞丟了……）（聖人：揍你喔）。1952 年，巴西聖保羅商業協會將聖安多尼忌日的前一天訂為戀人之日（Dia dos Namorados），鼓勵大家在這天要互相贈禮，許多情侶們也會交換以相框裱裝起來的照片，藉此表示「我是真的愛你喲」，相框就是這樣和戀愛扯上了關係。

6月/13 鐵人之日（鉄人の日）

　　鐵人的定義很多，這裡要談的則是一位被金氏世界紀錄認可的鐵人。衣笠祥雄出生於 1947 年，歷經甲子園的優異表現之後，他在 1965 年加入日本職棒廣島東洋鯉魚隊。從 1970 年 10 月 19 日對上巨人隊一戰開始，祥雄一場接一場、毫無間斷地持續出場比賽，當時他的球衣背號是 28 號，剛好日本漫畫大師橫山光輝在 1956 年畫了部巨大機器人漫畫《鐵人 28 號》，他也因此擁有了鐵人的暱稱。

　　就這樣，祥雄一場一場打下去，就算遇到觸身球導致肩胛骨骨折，他依然在隔場比賽以代打身分出賽，到了 1987 年 6 月 13 日對上中日隊的比賽，他以連續出賽 2,131 場的成績，打破美國職棒選手蓋瑞格（Henry Louis Gehrig，暱稱為鐵馬 The Iron Horse）在 1939 年所創下的世界紀錄，成為新的紀錄保持人，因此這天就成為鐵人之日。同年 10 月 22 日，祥雄留下連續出賽 2,215 場的紀錄後退休，這項紀錄直到 1996 年 6 月 14 日才被美國職棒選手瑞普肯（Cal Ripken Jr.）打破，瑞普肯創造的 2,632 場連續出賽世界紀錄至今無人能及，巧合的是瑞普肯的暱稱也是鐵人（The Iron Man）。

6月/14 雞翅紀念日（手羽先記念日）

　　正所謂「紅燒雞翅～我喜歡吃～」，唐伯虎最愛吃的雞

 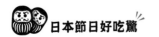

翅，也有自己的專屬節日，但並不是紅燒，而是炸雞翅。

日本各地都有代表性的平民美食，名古屋就是炸雞翅，知名的炸雞翅連鎖專賣店：世界的山將（世界の山ちゃん）創始於 1981 年 6 月 14 日，因此他們就將 6 月 14 日訂為雞翅紀念日，以感謝千千萬萬為饕客肚皮壯烈犧牲的雞翅，想想這也是有道理的，因為世界的山將每店每天大約會賣出九百支雞翅，新門市開幕當天甚至會賣到五千支，他們在 2020 年總共有 67 家門市，換算下來，世界的山將一年至少會賣出二千二百萬支雞翅，的確應該要找個日子來好好感恩紀念一下。

6月/15 暑中見舞之日（暑中見舞いの日）

日本人除了有在過年期間寄賀年卡的習俗外，他們在盛夏時節也會寄暑中見舞（しょちゅうみまい，Shochyuu Mimai）明信片。所謂的暑中，意指一年之中最熱的一段時節（7 月下旬到 8 月上旬），見舞二字用在信件上則是問候之意，像這樣的明信片，就是在夏天向對方傳達自己的關心與祝福，同時也簡單報告自己的現況。

1950 年 6 月 15 日，日本郵政省首度發行暑中見舞明信片，因此這天就成為暑中見舞之日，而且日本郵便的設計很有意思，他們所販售的賀年卡與暑中見舞明信片，收件人還可以參加抽獎喔！

除了暑中見舞之日外，這一天也是生薑之日（生姜の

日），其由來也很有趣。在日本這麼多的神社裡，竟然有間神社祭祀的是生薑之神？那就是石川縣金澤市的波自加彌神社。波自加彌（はじかみ，Hajikami）是生薑的日文古語，這間神社每年 6 月 15 日都會舉辦生薑大祭，全日本的生薑業者也會在這天向該神社奉納自家的產品，生薑之日就是這麼來的。

6月/16 和菓子之日（和菓子の日）

　　跟其他日子相比，和菓子之日擁有非常久遠的歷史。西元 704 年，第四十二代文武天皇派遣的遣唐使栗田真人將大唐製作糕點的技術傳入日本，開啟了和菓子的歷史，之後到了西元 848 年，日本各處疾病蔓延，第五十四代仁明天皇收到神諭教他如何避厄改運，他就將年號由承和改為嘉祥，同時在陰曆 6 月 16 日這天以 16 個和菓子祭祀神佛，祈求去除疫病、健康招福，這項做法就被稱做嘉祥之日而一直流傳下來，到了江戶時代更是盛大舉辦，德川幕府在這天還會準備超過二萬個和菓子賜予諸國藩主，這叫做嘉祥頂戴。

　　進入明治時代，嘉祥之日的習俗也隨之消失，但是在經過 110 年之後，日本的全國和菓子協會在 1979 年把 6 月 16 日訂為和菓子之日，將日本美味精緻的和菓子文化繼續傳承下去。

6月 / 17　豆皮壽司之日（いなりの日）

　　日本生產豆皮食材的株式會社 Misuzu-Corporation 將每個月的 17 日訂為豆皮壽司之日，這來自日本人將豆皮壽司稱為稻荷壽司（いなりずし，Inarizushi），裡頭有數字 1、7 的諧音。

　　稻荷壽司這個名稱，來自日本自古就拿豆皮壽司供奉稻荷神社的稻荷神，因為人們說稻荷神的神使狐狸愛吃油炸豆腐皮，但其實大家都誤會了，最早日本人供奉給狐狸神使的不是油炸豆腐皮，而是油炸米奇，這應該會讓許多人感覺灰常滴不蘇胡，所以後來為了不殺生而把野鼠改成豆腐皮時，我猜大家應該都是立刻舉雙手雙腳贊成。除此之外，也有三角形的油炸豆腐皮像狐狸耳朵，或是豆皮壽司外型很像裝稻穀的俵，所以才叫稻荷壽司的諸多說法。

　　全日本稻荷壽司協會也在 2017 年將 2 月 11 日訂為初午豆皮壽司之日（初午いなりの日），所謂的初午是每年 2 月第一個午之日，各地稻荷神社都會在這天進行初午大祭，祈求風調雨順、五穀豐穰，據說這一天也是一年之中運氣最好的日子喔。

6月 / 18　海外移民之日（海外移住の日）

　　在江戶時代的鎖國政策下，自然沒有所謂移民這件事，

進入明治時代之後，由國王卡美哈梅哈（這也是《七龍珠》龜派氣功名稱的由來）所統治的夏威夷王國在 1885 年（明治 18 年）與日本政府簽署官約移民協議，讓日本人前往夏威夷工作三年，日本人開始前往夏威夷、美國、加拿大與秘魯工作，接著時間來到了 1908 年（明治 41 年）。

4 月 28 日黃昏的神戶港，在送行的煙火之下，158 個日本家庭總數 781 人搭乘的笠戶丸拔錨出航，朝向太平洋直線前進，歷經五十多天航行一萬二千海里之後，於 6 月 18 日上午抵達巴西聖多斯港 14 號碼頭，日本人正式開始移民巴西，之後日本政府就在 1966 年將 6 月 18 日訂為海外移民之日，而 781 人之中最後的存者：1 歲 8 個月大就隨著家人前往巴西，擁有五代同堂大家庭的中川トミ（Tomy）女士，在 2006 年於巴西隆德里納去世，享壽 101 歲。

6月/19 浪漫之日（ロマンスの日）

日本的羅曼蒂克協會（對，連這種東西都有）在 2008 年將 6 月 19 日訂為浪漫之日，原因是羅曼蒂克的日文ロマンティック（Romantikku）裡有日文數字 6、1、9 的諧音（凹得好硬），他們鼓勵大家在這天要送最愛之人象徵「真摯的愛」的禮物，也就是帶有藍色的東西，這源自於英格蘭古老的結婚習俗：新嫁娘身上的服飾或裝飾必須 Something old，Something new，Something borrowed，Something blue，婚姻才會永恆幸福。

說到羅曼蒂克，就像我們有「永保安康」、「追分成功」的車站一樣，日本也有相同的東西。1911年（明治44年），位於長崎縣的島原鐵道新路線開通，大家發現如果從愛野站搭到吾妻站的話，車票上就會有「愛野吾妻」四個字，剛好具有「我最愛的老婆」（愛しのわが妻）的意思，於是夫妻情侶紛紛前來朝聖，並稱此地為羅曼蒂克聖地或愛的聖地，許多人也跑來這兒度蜜月。

6月/20　薄荷之日（ペパーミントの日）

　　如果光看日期，實在搞不懂6月26日為何會是薄荷之日，但薄荷之日也不是來自某個歷史典故，那麼到底是為什麼呢？

　　薄荷的日文叫做ハッカ（Hakka），源自於中文薄荷的音讀，而全日本最有名的薄荷產地就是位於北海道的北見市，在昭和時代初期曾獨占全球七成的薄荷市場。1987年，北海道北見市社區營造研究會將6月20日訂為薄荷之日，因為6月不但是薄荷的產季，而且這時北海道平均氣溫大約只有16度，十分的涼爽，就像薄荷帶給人們的清涼感受一樣，那麼20日呢？前面我們講到薄荷的日文是ハッカ（Hakka），而日本人在講日期的20日時，雖然可以說成にじゅうにち（Nijyuunichi），但更常說的是はつか（Hatsuka），跟ハッカ既有諧音，字母也相同（但前者的ツ是促音），20日就是這樣決定的。

6月/21 炸蝦之日（えびフライの日）

在講炸蝦之前，要先來講蝦子。日文的蝦子えび（Ebi）事實上是葡萄的意思，這是因為還沒煮的蝦子顏色就像葡萄一樣，此外日文也叫蝦子為海老，這則是來自蝦子有長長的鬍子，身軀又像老人家一樣彎著腰，所以是海底的老頭，那麼為何6月21日會是炸蝦之日呢？炸的日文是フライ（Furai），裡頭有數字2、1的諧音，所以是21日，至於6呢，則代表蝦子彎彎的身體。

俗話說要抓住一個男人的心，就要先抓住他的胃（咦？不是抓住他的把柄？），女生們除了勤學炸蝦之外，也可穿著日本廠商所開發的炸蝦睡袋，讓自己變得更加秀色可餐，這睡袋還可露出雙手雙腳，好方便妳穿著炸蝦睡袋出門倒垃圾，或是在餐廳吃天婦羅炸蝦，真的是好蝦，真蝦。

6月/22 螃蟹之日（かにの日）

有去過大阪道頓堀的人，除了固力果的跑步人看板外，一定也會對生動的大螃蟹招牌印象深刻，這個招牌來自1962年開業的螃蟹道樂餐廳，道樂二字寓意為「熱衷此道，自得其樂」。身為全日本最知名的螃蟹料理專門店，螃蟹道樂於1990年將6月22日訂為螃蟹之日，之所以選擇這天，來自讓人覺得很頭痛的理由：首先呢，這天是巨蟹座的第一天（呃，請不要砸書，雖然我也很想砸電腦），此外螃蟹的日文叫かに

（Kani），か是日文五十音的第 6 個字，に是第 22 個字，所以 622 最適合拿來作為螃蟹之日。（翻桌）（鬼才知道咧！）

另外在動漫《新世紀福音戰士》中，使徒首次來襲的事件發生在 2015 年 6 月 22 日，於是在當年有許多動漫迷引頸期盼，看看這天是否真的會出現蝦米驚天動地的大事，結果這一天什麼事都沒發生，平靜得很，讓許多動漫迷的心裡好失望。（咦？）

6月/23 平交道之日（踏切の日）

日文把平交道叫做踏切（ふみきり，Fumikiri），踏（ふみ，Fumi）這個字剛好與數字 2、3 諧音，所以不知從何時開始，每個月的 23 日就成為平交道之日，特別是梅雨季節的 6 月 23 日，而日本的 JR 九州也在 2017 年將每年的 2 月 3 日與每個月的 23 日訂為平交道之日，努力宣導關於平交道的安全知識。

超有名的平交道？有這樣的東西嗎？還真的有耶，那就是位於神奈川縣江之島電鐵路線上，鎌倉高校前車站東邊 100 公尺處的鎌倉高校前 1 號踏切，這個在 1993 年動畫《灌籃高手》片頭中只出現 5 秒的場景，早已成為無數台灣觀光客的朝聖拍照熱點。

UFO 之日（UFO の日）

六月

水無月

　　二戰剛結束的 1947 年 6 月 24 日，美國人阿諾德（Kenneth A. Arnold）駕駛飛機時看見超高速飛行的奇怪東西，媒體根據他的描述，將這怪東西稱為飛碟 Flying saucer，自此飛碟一詞不但廣為人知，各地也陸續出現目擊飛碟的報告，之後美軍在 1953 年將這類東西統稱為 UFO（Unidentified Flying Object，不明飛行物體），於是阿諾德最初看見 UFO 的日期就成為 UFO 之日。

　　只是呢，在日本講到 UFO，許多人應該不會想到飛碟，而會想到泡麵。1976 年 5 月，泡麵大廠日清推出一款全新的拌醬炒麵 U.F.O.，你或許會以為這名稱就是來自飛碟，不過日清解釋這名稱是來自日文的美味（うまい，Umai）、粗麵條（太い，Futoi）與大碗（大きい，Ookii），三個字的字首合起來就是 U.F.O.，但是另有一說，當年大家在會議上討論新品名稱時，社長打開的泡麵圓蓋忽然像飛碟一樣飛了出去，而當時全世界正在瘋飛碟，眾人決定那就叫飛碟吧！難怪在這款炒麵盒蓋上還是有小小的 UNIDENTIFIED FLYING OBJECT 字樣。順帶一提，U.F.O. 炒麵的廣告一直是日清所有廣告之中玩得最瘋的。

6月/25 住宅日（住宅デー）

在日本經濟高度成長、各地瘋狂建設住宅的 1978 年，為了促進民眾對建屋職人的信賴與好感，日本的全國建設勞動組合總連合將 9 月 25 日訂為住宅日，但為何要選定這一天呢？因為這天是西班牙建築師安東尼・高第（Antoni Gaudi）的生日。

高第是近代最偉大且知名的建築大師之一，全國建設勞動組合總連合會選他做為代表是可以理解的，有趣的是高第最知名的建築：西班牙巴塞隆納的聖家堂，可是從 1882 年一路建到 2020 年、歷時 138 年還沒完工捏，人們曾問高第為何要建這麼久？高第回答：「我的客戶並不急啊」（My client is not in a hurry），但是他口中的客戶在天上啊！如果這是蓋住宅的話，應該會讓人等到抓狂。

6月/26 打雷紀念日（雷記念日）

自有歷史以來，日本打過千千萬萬個雷，但是哪一道雷可以名留青史、甚至擁有自己的紀念日呢？平安時代，菅原道真達到一介讀書人的最高夢想，不但位極人臣，還跟天皇成為親家，但第六十代醍醐天皇聽信讒言，在西元 901 年將道真貶職流放到九州，二年後道真就以 59 歲之齡含恨而終。但是在道真死後，當年陷害道真的人逐一發生意外死去，連

皇太子和皇孫也難以倖免，到了西元 930 年陰曆 6 月 26 日這天，醍醐天皇於平安京清涼殿召集眾大臣開會，沒想到在下午二點半左右，一道巨雷轟然直劈清涼殿，在場的大臣死傷無數，現場目擊的醍醐天皇則嚇到臥病不起，三個月後魂歸西天，這天因此成為打雷紀念日。

　　菅原道真被列為日本三大怨靈之一，但同時也被供奉為天滿天神、學問之神，日本各地的天滿宮和天神社祭祀的主神就是他。

6月/27 演說之日（演說の日）

　　許多東西我們現在早就習以為常，但是在當年剛出現時，連要稱呼它都不知道要怎麼叫，還得創個新詞，例如 Speech。日本近代最重要的思想家與教育家福澤諭吉為了將 Speech 翻譯成日文，發明了演說一詞，他同時也發明了討論這個詞。

　　1858 年，福澤諭吉在中津藩江戶藩邸開辦蘭學塾，蘭學指的是荷蘭、也就是西洋的學問，這所蘭學塾在 1868 年更名為慶應義塾，並且將在日後成為知名的慶應義塾大學。福澤諭吉認為，日本若要與歐美諸國擁有對等的立場，演說的力量是不可或缺的，為了磨練學習西洋式的演說與討論技巧，他與十三位慶應義塾同仁在 1874 年（明治 7 年）6 月 27 日成立三田演說會（因為校址位於三田），這就是演說之日的由來，隔年他更自費在慶應義塾內建了全日本第一座

演說講堂：三田演說館。

6月/28 芭菲之日（パフェの日）

我們常見在高腳玻璃杯內裝滿冰淇淋、水果、巧克力的百匯甜點芭菲，名稱源自法文 parfait，這個字同時也是完美 Perfect 的意思，於是日本的芭菲愛好者想到一個好日子來做為芭菲之日，那就是日本職棒史上首次的 Perfect Game，也就是完全比賽的日期。

在棒球這項運動中有著無數的壁壘，而完全比賽就是一個投手所能創造的最高成就，所謂的完全比賽，就是一個投手不但完投九局，而且沒有任何一個對手能上一壘，也就是無安打，無四壞球保送，無觸身球，無失誤，當然也是完封。日本職棒到 2020 年為止，總共只出現過 15 次完全比賽，第一次出現的日期是 1950 年 6 月 28 日，這天就成為芭菲（完美）之日，而創下這項紀錄的 33 歲巨人隊投手藤本英雄，是因為原本預定上場的投手吃螃蟹吃過頭鬧肚子痛，才臨時接替上場先發。

6月/29 佃煮之日（佃煮の日）

佃煮（つくだに，Tsukudani）是日本使用醬油與砂糖烹煮的傳統民間料理，但食材則因地制宜，靠海的就拿小魚蛤

蜊做佃煮,至於靠山的呢,則可以吃到日本名產的佃煮蝗蟲。

德川幕府時代,江戶的佃煮非常有名,甚至成為許多參勤交代的武士回鄉必帶的土產伴手禮,據說江戶佃煮的來源是這樣的:1582年本能寺之變在京都爆發時,只帶著34名武將家臣的德川家康正位在大阪附近,開始設法逃回大本營三河國岡崎城(愛知縣岡崎市),大阪佃村之主森孫右衛門與旗下漁民不但一路協助他,還拿當地流傳的小魚煮(也就是佃煮)給家康吃,家康也順利地回到岡崎城。數年後家康進駐江戶城並成為天下人,就把森孫右衛門與漁民們從大阪遷居至江戶城佃島,佃煮也自此在江戶城流傳開來。

當森孫右衛門等人搬家到江戶時,也把他們的信仰給帶了過來,於1646年陰曆6月29日在佃島建立了住吉神社,日本的全國調理食品工業協同組合就在2003年將6月29日訂為佃煮之日,剛好數字2、9也與佃(つく,Tsuku)諧音。

6月/30 半場之日(ハーフタイム・デー)

6月30日之所以是半場之日的原因,說穿了真的很簡單,那就是一整年到了這一天,上半場就打完了,要準備進入下半場了。只是呢,在一年365天(閏年除外)之中,6月30日其實是第181天,真正的一年正中間應該是第183天、也就是7月2日才對,因此7月2日也聲稱自己才是一年的中間折返之日‧真正的中間之日(一年の折り返しの日

・真ん中の日）。但無論如何，到這裡總是已經過了半年，這本書你也看了一半，這時候最適合做什麼呢？很簡單，「讓我們繼續看下去」（盛先生的口吻）。

7月
（文月）

7月/1 走路的男人、不，隨身聽之日
（ウォークマンの日）

玩過 SONY 第一代 Walkman 隨身聽的人，應該也都會唱小甜甜和無敵鐵金剛的主題曲。

SONY 創辦人井深大經常得坐飛機四處奔走，他希望有個能在機艙內聽音樂的東西，於是交代音響事業部長大曾根幸三試做看看，大曾根就用 SONY 的錄音機商品 Pressman（新聞人）進行改裝，井深大試聽之後驚為天人，立即拿給 SONY 共同創辦人盛田昭夫，身為超級業務員的盛田昭夫一聽，馬上決定將這新玩意商品化，世上第一台 Walkman 就在 1979 年 7 月 1 日開始販售，但消費者反應卻很冷淡，首月的銷售量僅有三千台，於是 SONY 動員宣傳部與業務部的所有年輕人，在星期天穿著時髦服裝、腰掛 Walkman 頭戴耳機，然後搭一整天的山手線電車，好讓周遭的年輕人都能看見，結果第二個月就把首批生產的三萬台全數銷售一空。

7月/2 烏龍麵之日（うどんの日）

大家還記得我在介紹 3 月 27 日：櫻花之日時，有講到七十二候嗎？七十二候的夏至末候叫做「半夏生」，時間大約落在 7 月 2 日前後，這一天對農家而言是非常重要的，因為代表著農務暫時告一段落，從這天起可以休息五天，而香川縣的農家就有在半夏生這天吃烏龍麵慰勞一番的習慣，因

此素以生產讚岐烏龍麵聞名的香川縣製麵事業協同組合，就在 1980 年將 7 月 2 日訂為烏龍麵之日。

　　7 月 2 日也是棕刷之日（たわしの日）。1907 年（明治40 年），東京商人西尾正左衛門的老婆把滯銷的棕櫚纖維踏墊拿出來，切了一條捲成一圈，然後拿來刷地板，受此啟發的正左衛門就研發出了棕刷，並在 1915 年（大正 4 年）7 月 2 日取得專利。正左衛門將棕刷取名為「龜之子束子」（かめのこたわし，Kamenokotawashi），這龜之子呢，請大家把它解釋成小烏龜，而不要直接叫成龜兒子（雖然這樣說也沒錯啦），取這名字是因為束子外型就像烏龜，烏龜代表長壽，又親水，跟棕刷的運用環境很貼切。厲害的是，龜之子束子就靠著相同的名稱、形狀與品質，歷經明治、大正、昭和、平成，一路賣到令和時代。

7月/3　霜淇淋之日（ソフトクリームの日）

　　日本霜淇淋協議會在 1990 年將 7 月 3 日訂為霜淇淋之日，為何是這天呢？

　　1945 年 8 月 15 日中午 12 點整，昭和天皇宣告日本投降，8 月 28 日由美軍主導的盟軍部隊從橫濱登陸，開啟日本被盟軍占領的年代。1951 年，為了慶祝美國國慶，美國大兵在東京的明治神宮外苑舉辦嘉年華，並於 7 月 3 日出現全日本第一家賣霜淇淋（Soft Cream，這是日本人發明的英文詞）的臨時店，日本人就是在這一天首次見識並且吃到到霜淇淋

這新鮮的玩意兒。在那之後的 9 月，日本的百貨公司開始販售霜淇淋，立即成為人氣商品，而日本也在 9 月 8 日簽立舊金山和約，並於隔年結束被占領狀態，恢復成為正常國家。

7月4 梨子之日（梨の日）

2004 年，日本鳥取縣的東鄉町（以下我省略 15 字）委員會（東鄉町二十世紀梨を大切にする町づくり委員会）將 7 月 4 日訂為梨子之日，原因超簡單的，因為梨的日文なし（Nashi）與數字 7、4 諧音。

鳥取縣生產的梨子有八成是二十世紀梨，縣花也是二十世紀梨的花，這二十世紀梨理應就是在二十世紀培育出來的吧？哈，其實還要再早一點。松戶覺之助出生於 1875 年，家裡就是種梨子的，1888 年（明治 21 年），14 歲的覺之助在親戚家的垃圾場偶然發現一顆梨子苗株，他就把這苗株帶回家裡種，十年之後產出的梨子特別多汁甜美，覺之助就將這棵梨樹的苗木分給當時的知名教育家兼農業專家渡瀨寅次郎，因為當時剛剛進入二十世紀，寅次郎即在 1904 年將此梨命名為二十世紀梨，名滿天下的二十世紀梨就是這麼來的。

此外，7 月 4 日也是瀑布修行之日（滝修行の日）喔！所謂的瀑布修行，就是站在瀑布的正下方，讓水直往腦袋上沖，但這跟 7 月 4 日有什麼關係？首先呢，7 這個數字跟瀑布先橫流再往下沖的樣子很像，而進行瀑布修行的人，必須

雙手在胸前合十祈禱，這副模樣若是從左側邊看，不正就是一個 4 嗎？很有意思對吧？

比基尼之日（ビキニの日）

原則上我在撰寫這本書時，都會挑選與日本有關的題材，但比基尼之日的由來卻跟日本沒什麼關係，這是因為我的原則就是遇到比基尼時，可以變得超級沒有原則。（喂！）

1946 年 7 月 1 日，美軍在太平洋馬紹爾群島的比基尼環礁進行核爆測試，受此核爆地點的啟發，法國服裝設計師雷爾（Louis Réard）在四天後的 7 月 5 日將他新發表的超性感泳裝命名為比基尼，並且說「就像原子彈一樣，比基尼雖然很小，但卻有無比的威力呢」，這天就成為了比基尼之日。當時雷爾找不到願意穿這泳裝的模特兒，於是他就聘請 20 歲的脫衣舞孃貝爾納迪尼（Micheline Bernardini）在眾媒體前曝光亮相，經媒體大幅刊登她穿著比基尼的照片後，貝爾納迪尼收到約五萬封的粉絲信件。

零戰之日（零戰の日）

宮崎駿大師 2013 年的電影《風起》，講述的是日本零式艦上戰鬥機的設計師堀越二郎的故事，零式艦上戰鬥機也被稱作零戰 Zero Fighter，是二次大戰期間日本最具代表性的

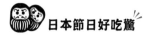

戰鬥機，第一次的試飛日期是在 1939 年 7 月 6 日，因此這天就成了零戰之日。但是話說回來，日本為何會將這飛機取名為零式戰鬥機呢？是因為它長得……呃……很零嗎？（編輯：喂，沒有這種說法好嗎？）原來是跟一個很特別的東西有關。

除了西元紀元之外，日本還有個「皇紀」，全名為「神武天皇即位紀元」，也就是從第一代神武天皇即位那年開始起算的紀元，零戰被軍方正式採用的年分為 1940 年，當年的皇紀剛好是 2600 年，因此日軍就用皇紀末二位的數字 00 將其命名為零戰，當時以這種方式命名的戰機還有九六艦戰、九七艦攻等。

7月7 馬尾之日（ポニーテールの日）

7 月 7 日是日本的七夕，原本應該是過陰曆的，但是在明治天皇改曆後就變成過陽曆了，而這天同時也是馬尾之日，這是為什麼呢？

日本一群有志之士，為了讓女孩俏麗的馬尾髮型能遍布在日本每個街角，因而成立了日本馬尾協會，這協會在 1995 年（平成 7 年）將 7 月 7 日訂為馬尾之日，原因是 7 這個數字長相與綁馬尾的樣子很像，此外在七夕這天，許多女孩都會穿上浴衣出遊，事實上日本浴衣連合會也在 1981 年將七夕訂為浴衣之日（ゆかたの日），而馬尾正是最適合浴衣的髮型，因為馬尾加上浴衣，剛好可以襯托出女孩纖細白皙的長頸（嘛，如果有的話）。雖然目標極為崇高神聖的日本馬

尾協會已在 2015 年停止活動，但幸好可愛的馬尾之日依然留了下來。

7月8 當鋪之日（質屋の日）

當鋪的日文叫做質屋（しちや，Shichiya），正好與數字 7、8 諧音，因此日本的全國質屋組合連合會就將 7 月 8 日訂為質屋之日，也就是當鋪之日。

日本的當鋪歷史相當悠久，從鎌倉時代就有了，在進入明治時代之後，有錢人要找錢就上銀行，沒錢的平民百姓則只好找當鋪，但因為上當鋪實在不是什麼光彩的事，因此平民們就使用隱語，把當鋪稱作「一六銀行」，原因來自一加六等於七，日文與質字同音，我想這就像某些來到台灣的日本人，基於熱切學習中文的精神，把常去的林森北路叫做「五木大學」是一樣的吧？（編輯：哦？閣下也懂五木大學？）（我：略懂，略懂）

在日本的網路社群上，許多人也會把 7 月 8 日視為鋼彈之日（ガンダムの日），原因來自機動戰士初代鋼彈的型號為 RX-78-2，裡頭剛好有 7 與 8，但也有人認為應該是第一代駕駛員阿姆羅首次搭乘鋼彈的日期：9 月 18 日才對。

7月/9 雲霄飛車之日（ジェットコースターの日）

　　全世界首座雲霄飛車（Roller Coaster）出現於 1884 的美國紐約市柯尼島，之後也在 1890 年（明治 23 年）出現於日本，接著經過了六十幾年，東京後樂園遊園地在 1955 年 7 月 9 日開幕，園中最吸引人的就是雲霄飛車，但後樂園並非叫它 Roller Coaster，而是自己創了一個英文新詞：Jet Coaster，自此之後日本人都將雲霄飛車稱為 Jet Coaster，雲霄飛車之日就是這麼來的，但為何會叫這個名字呢？因為當年大家正在瘋噴射機（Jet aircraft）這個新玩意，另一方面則跟雲霄飛車的開發者新明和工業有關：他們原本是做戰鬥機的。

　　二戰結束之後，駐日盟軍總司令部（GHQ）禁止日本製造戰鬥機，新明和工業只好拿剩餘的資材去做便當盒，後來他們接到後樂園的委任，在短短七個月內設計製造出全長 1,500 公尺、最高時速 55 公里的雲霄飛車，大家一定覺得這個冠以 Jet 之名的雲霄飛車，外型一定非常新潮流線對吧？事實上這雲霄飛車長得方方正正的，感覺就像是個……便當盒。

7月/10 鹹蛋超人之日（ウルトラマンの日）

　　1966 年 1 月 2 日，日本第一個科幻電視劇誕生，名為

《Ultra Q》，劇中最吸睛的就是各式各樣的怪獸，原本應該一路播到 7 月 10 日結束之後，再由知名的鹹蛋超人《Ultra Man》（也叫做超人力霸王）在 7 月 17 日接檔（因為每週播出一次），但《Ultra Q》因故少播一集，鹹蛋超人必須臨時提前到 7 月 10 日播出，可是劇組又只有一週時間可以準備，他們只好硬著頭皮湊合出一個《鹹蛋超人前夜祭 鹹蛋超人誕生》的節目，讓鹹蛋超人在 7 月 10 日這天首次在電視上亮相，鹹蛋超人之日即由此而來。

7 月 10 日這天也是日本超獨特的傳統食品：納豆之日（納豆の日），關西納豆工業協同組合首先在 1981 年將 7 月 10 日訂為納豆之日，之後全國納豆協同組合連合會也在 1992 年將這天訂為全國性紀念日，原因來自納豆的日文なっとう（Nattou）與數字 7、10 諧音。

7月／11 拉麵之日（ラーメンの日）

說到日本最具代表性的平民美食，拉麵絕對是其中之一，日本拉麵協會在 2007 年將 7 月 11 日訂為拉麵之日，之所以選定這一天，第一個理由來自象形文字：7 的長相就像是湯匙，而 11 就是筷子，得用湯匙和筷子一起吃的日本美食，當然非拉麵莫屬啊！第二個理由，則是因為這天是常陸水戶藩第二代藩主：德川光圀的生日……呃，他是誰啊？大膽之徒！難道不認得這印籠上的德川葵紋嗎？是的，這位德川光圀先生，就是日本知名古裝時代劇《水戶黃門》的主角

老爺爺，他出生於 1628 年陰曆 6 月 10 日，換算成陽曆的話就是 7 月 11 日，據說他是日本歷史上第一位吃拉麵的人喔。

7月/12 西洋餐具之日（洋食器の日）

日本的國產西洋餐具起源於 1914 年（大正 3 年），新潟縣的燕市即為生產重鎮，位於燕市的日本金屬洋食器工業組合將 7 月 12 日訂為西洋餐具之日，原因來自日文數字 7、1、2 可以唸做な（Na）、い（I）、ふ（Fu），也就是跟英文的刀子 Knife 諧音。

除了西洋餐具之日外，這一天也是宇佐炸雞之日（宇佐からあげの日），原因是素以炸雞聞名的大分縣宇佐市，在 2002 年 7 月 12 日這天建立了 USA ☆ 炸雞合眾國……呃，等等，這 USA 是怎麼一回事？原來宇佐二字的日文發音與英文拼法就是 Usa，因此當地人很高興他們生產的東西可以打上「Made in USA」，進入市區的歡迎看板上寫著「WELCOME TO USA」，小山丘上有像好萊塢一樣的白色文字地標「USA」，JR 車站的圖像標示看起來就像星條旗，就連中古車行前面，都有自由女神像呢！

7月/13 Nice 之日（ナイスの日）

因為英文 Nice 的發音與數字 7、1、3 諧音，所以 7 月

13 日成為 Nice 之日，這其實說不上特別，特別的是 Nice 之日出現的原因。日本知名的動畫導演細田守在 2006 年推出動畫電影《跳躍吧！時空少女》，電影的一開頭，背景有台電視機正在播報新聞，螢幕裡的記者說道「今天是 7 月 13 日，所以是 Nice 之日」，就是這樣短短 3 秒的鏡頭，讓 Nice 之日廣為人知。

此外隨著明治改曆，日本也從 1873 年（明治 6 年）1月 1 日開始導入西方的 24 小時制，但一開始各地的時間是各玩各的，並沒有所謂的標準時間。1884 年 10 月 13 日，包含日本的 26 個國家在美國華盛頓開會，投票決定英國格林威治天文台所在地為本初子午線，之後日本就在 1886 年7 月 13 日這天，公布以經過兵庫縣明石市的東經 135 度線作為日本的標準時子午線，因此 7 月 13 日也是日本標準時間制定紀念日（日本標準時制定記念日），最後到了 1888年 1 月 1 日這天，全日本的時間終於統一。

7月/14 徵人廣告之日（求人広告の日）

1872 年（明治 5 年）陰曆 7 月 14 日，日本的《東京日日新聞》刊載了日本第一則徵人廣告，因此這天就成為徵人廣告之日，然後大家就會問：這則廣告徵的是什麼工作啊？嗯，這則徵人廣告徵求的是：奶媽。若將這則廣告翻成白話的話，大意就是「誠徵奶媽，有意應徵者，請至吳服橋內原丹波守邸內向天野先生洽詢，我們會支付水準以上的薪資

日本節日好吃驚

喔」。

7月/15 紅白機之日（ファミコンの日）

在我另一本談論日本知名品牌誕生故事的書裡有提到，聞名世界的任天堂竟然創設於一百多年前的 1889 年（明治22 年），但他們一路走來，從賣石灰到賣花札到賣撲克牌，甚至開計程車公司、愛情賓館、賣食品和吸塵器，三度瀕臨倒閉，之後幸運地靠著電子玩具與電玩街機擺脫困境，更在1983 年創造了新的歷史。

1983 年 7 月 15 日，任天堂發售他們第一款家用遊戲機：Family Computer，因為有著紅白色的外觀，我們就把它叫做紅白機，而在紅白機上市二年後的 1985 年 9 月 13 日，在紅白機上席捲全世界的遊戲終於誕生，也就是超級瑪利歐兄弟。

7月/16 鐵道便當紀念日（駅弁記念日）

說到日本的鐵道旅遊，自然不能忘記各個車站所販售的特色鐵道便當，但日本最初的鐵道便當是何時出現的呢？1885 年（明治 18 年）7 月 16 日，位於栃木縣的日本鐵道東北線宇都宮車站開業，宇都宮市旅館「白木屋」受日本鐵道委託在車站賣便當，據說這就是日本鐵道便當的起源，7 月

16 日也因此成為鐵道便當紀念日（但還有其他業者認為他們才是真正的起源）。嚴格來講，白木屋所賣的或許還不算是便當吧？二個包著梅干、摻入黑芝麻與鹽巴的握飯糰，加上二片黃蘿蔔，再用一片竹葉包起來，就這樣，然後要賣 5 錢，在吃個丼飯只要 10 錢的那個年代，算是相當的高價。

此外，因為日文的色（いろ，Iro）與數字 1、6 諧音，若再加上 7 月的 7，就代表 7 種顏色之意，所以 7 月 16 日也順理成章地成為彩虹之日（虹の日）。

7月/**17** 東京之日（東京の日）

江戶這個地名早在平安時代就已存在，由來有諸多說法，但一般認為是「大海入江的門戶」之意。經過數百年後，江戶已成為日本最大的城市，然後在 1868 年陰曆 1 月 2 日傍晚，二艘德川幕府的軍艦砲轟停泊在兵庫的薩摩藩軍艦，隔天舊幕府軍和新政府軍在京都南郊的鳥羽及伏見展開激戰，戊辰戰爭就此爆發，到了 3 月，戰事已推進到德川幕府的大本營江戶城，但在各方協調下，江戶城得以不開戰而直接移轉給新政府，之後明治天皇就在這年的陰曆 7 月 17 日發布詔敕，將江戶更名為東京，東京之日即由此而來。

7月/18 帆立貝之日（ホタテの日）

帆立貝又叫扇貝，因單片貝殼就像船帆立起來的模樣而得其名，不但是許多人喜愛的美食，也是青森縣極為重要的漁產，青森縣漁業協同組合連合會與陸奧灣漁業振興會就在1998年將每個月的18日訂為帆立貝之日，原因來自帆立貝日文ホタテ（Hotate）的ホ（Ho）字，可以拆成十、八這二個字。

帆立貝還有什麼好玩的？基本上當你想不到梗時，只要在網路搜尋的關鍵字再加上比基尼三個字，就會有意想不到的收穫（喂！）。日本女星武田久美子在1989年出版寫真集《My Dear Stephanie》，封面上22歲的武田久美子，挺著黝黑健美的姣好身材，只穿著一件三點式比基尼泳裝……正確的說，是只有三片的白色帆立貝殼，正好一點一片，立即引發了震撼，相信絕大多數男性讀者看過之後都會同意，這貝殼的確是比夏威夷的椰子殼要來得好玩多了。

7月/19 山梨縣桃子之日（やまなし桃の日）

山梨縣果樹園藝會在2007年將7月19日訂為山梨縣桃子之日，但看到選擇這天的理由，真讓人懷疑是氣流撞擊所產生的幻覺，還是我喝醉了呢？桃子的日文是もも（Momo），而「百」這個字的日文也可唸做もも，所以用

一百來跟桃子連結是行得通的，但是一年中的第 100 天落在三月，這時候的桃子還沒長好哪，那麼就來看看第 200 天：7 月 19 日，嗯，正好是桃子的最盛產時節，計画通り，所以就是這天了。

但為何名為山梨縣，卻要訂定桃子之日呢？原來山梨縣擁有全日本最長的日照時間，加上土壤適合、日夜溫差大，讓他們擁有全日本第一的桃子產量，反而在縣名之中就有的梨子，山梨縣的產量卻是日本倒數幾名，第一名則是千葉縣。

順帶一提，日文的大腿也叫做もも，只是重音與桃子不同，因此有時會發生台灣觀光客跑到日本的水果店，向美女店員或是阿婆買大腿的情況。

7月 **20** 漢堡之日（ハンバーガーの日）

1996 年，日本麥當勞將 7 月 20 日訂為漢堡之日，原因是在 1971 年 7 月 20 日這天，日本第一家麥當勞麥在東京銀座三越百貨一樓開幕。為了開這家店，日本麥當勞卯足全力，僅僅花了 39 小時就完成店內所有設備布置整備（因為三越只給他們 40 小時的時間），而這家 39 坪的小店面，營業首日就有超過一萬名顧客光臨，客群擠滿店外的街道，創造出 100 萬日圓以上的業績，當時麥當勞販售的漢堡一個賣 80 日圓，而當年的大學畢業生起薪則是約 4 萬日圓。雖然銀座店之後在 1984 年轉移陣地，但當年全日本麥當勞的年

營業額也突破 1,000 億日圓，而日本麥當勞單店單日最高的營業金額，則是東京澀谷東映 PLAZA 店在 2009 年 4 月 30 日所創下的 1,245 萬日圓。

除了漢堡之日外，7 月 20 日也是原本的國定假日：海之日（海の日）。1876 年（明治 9 年）6 月，明治天皇巡視日本東北與北海道，回程首次搭乘軍艦以外的船隻明治丸於 7 月 20 日抵達橫濱港，7 月 20 日就在 1941 年被訂為海之紀念日（海の記念日）。1995 年，日本正式將 7 月 20 日訂為國定假日：海之日，以感謝海洋賜予的恩惠，之後在 2003 年為了配合快樂星期一政策，海之日被調整為每年 7 月的第三個星期一。

7月 / 21　神前結婚紀念日（神前結婚記念日）

許多人都知道日本擁有獨特的和式婚禮，這種新郎穿著黑五紋付羽織袴、新娘穿著白無垢的神前式婚禮，其實是在近代才開始普及的。

自古以來，日本人的婚禮大多是在自己家裡辦，到了明治時代，西洋文化大舉進入日本，不少人擔心日本奉為國教的神道與民眾生活越離越遠，就開始想把婚禮和神道結合在一起。根據新聞記者大庭柯公所著《其日之話》的記載，在 1897 年（明治 30 年）7 月 21 日這天，東京的日比谷大神宮為保科先生舉辦了近代首場神前結婚式，因此這天就成為神前結婚紀念日。之後在 1900 年 5 月 10 日，皇太子嘉仁親王

（日後的大正天皇）與九条節子（日後的貞明皇后）結婚，也第一次在宮內祭祀天照大神的賢所進行誓約，讓民間興起「啊！我也想辦神前式」的熱潮，日比谷大神宮就在1901年3月3日舉辦模擬婚禮以推廣他們家的神前式，這就是今天日本神前式婚禮的由來。順帶一提，當年有錢人家的做法，是先到日比谷大神宮舉辦婚禮，之後再就近到帝國酒店舉辦婚宴。

此外，這天也是藥膳食材之王烏骨雞之日（烏骨鶏の日）喔！原因是在1942年7月21日這天，烏骨雞被日本指定為國家天然紀念物。

7月 22 木屐之日（下駄の日）

日本的全國木製履物業組合連合會將7月22日訂為木屐之日，7代表日本傳統木屐的尺寸大多是七寸七分（男）或七寸二分（女），至於22的意思呢，則是因為穿著木屐走在雪地或道路上，會留下二、二的痕跡（木屐下方有二個齒），而說到木屐，我就得提起君臨所有遊女（特種營業女子）的花魁。

三不五時，花魁會盛裝打扮並在盛大遊行列隊中前往見客，這被稱做花魁道中，此時花魁腳踩的是三枚齒（有三個齒）、高六寸（約18公分）以上、重達3公斤的木屐，並且要以獨特的花步前行（江戶吉原是外八字，京都島原則是內八字），而全身的服裝頭飾相加起來，更會重達30公斤

上下，你就知道花魁雖然看似弱不禁風，但其實擁有多強大的體力、忍耐力與精神力，沒事請千萬不要找花魁打架。（編輯：誰沒事會想找花魁打架啊？）

7月/23 天婦羅之日（天ぷらの日）

二十四節氣中的大暑經常落在 7 月 23 日前後，是一年氣溫最高的時候，日本人就說啊，這麼熱的天，就得吃天婦羅來預防中暑並補充元氣啊，所以這天就自然而然地成為天婦羅之日，之後更擴展為每個月 23 日都是天婦羅之日。據說天婦羅是戰國時代由葡萄牙傳教士傳入日本的，所以天婦羅的名稱是來自葡萄牙文的 tempêro（調味料），或是 temperar（添加調味料，或油炸使其變硬）。

日文的文唸做ふみ（Fumi），就是書信的意思，為了鼓勵大家多寫信，日本郵政省在 1979 年將每月 23 日訂為書信之日（ふみの日），這來自數字 2、3 與ふみ諧音，而 7 月又叫做文月（ふみづき，Fumitsuki），正是最適合寫東西的時候，因此 7 月 23 日就變成文月書信之日（文月ふみの日），日本郵政每年到了這一天，就會發售書信之日的當年度特別紀念郵票。

7月/24 自我藥療之日（セルフメディケーションの日）

　　所謂的 OTC（Over the counter）醫藥品，是指不需要醫生開立處方，民眾可以自行至藥局或便利商店購買的一般用藥品，而像這樣自己買藥內服或外用的行為就叫做自我藥療（Self-medication）。日本 OTC 醫藥品協會將 7 月 24 日訂為自我藥療之日，原因相當簡單明瞭，因為一個禮拜有 7 天，每天有 24 小時，而自我保健就是得在任何時間都要關心注意，所以就這麼訂了。

　　根據日本矢野經濟研究所與大正製藥所公布的資料，日本 OTC 藥品市場規模一年大約是八千三百億日圓，難怪像大塚製藥與大正製藥等藥廠大老闆，過去都是日本納稅（富豪）排行榜上的常客或冠軍。日本在 1947 年到 2005 年之間，每年都會公布高額納稅者名單，但後來因為擔心這變成了另類的綁架候選者推薦名單，也牽涉隱私等因素，所以自 2006 年起停止公布。

7月/25 刨冰之日（かき氷の日）

　　日本刨冰協會將 7 月 25 日訂為刨冰之日，一方面是刨冰的日文也可叫做夏冰（なつごおり，Natsu goori），剛好有數字 7、2、5 的諧音，另一方面則是在 1933 年 7 月 25 日這天，山形縣山形市創下了 40.8 度的日本歷史高溫紀錄。

事實上從 2013 年起，日本最高溫紀錄就一直被打破，根據日本氣象廳的資料，到 2020 年止，日本的史上最高溫出現在 2020 年 8 月 17 日的靜岡縣濱松市，以及 2018 年 7 月 23 日的埼玉縣熊谷市，同樣都是驚人的 41.1 度。

既然要吃刨冰，怎麼可以沒有刨冰機？現代刨冰機的原型，是賣冰商人村上半三郎在 1887 年（明治 20 年）發明的，而且外型跟現在並沒有很大差異呢。

7月/26 幽靈之日（幽靈の日）

大家都知道日本有恐怖的怪談這種東西，而怪談之中最有名的就是《四谷怪談》，內容講述住在江戶四谷町的阿岩，被變心的丈夫伊右衛門毒殺棄屍，化為幽靈復仇雪恨的故事，之後《四谷怪談》在 1825 年陰曆 7 月 26 日首度搬上江戶的歌舞伎座「中村座」舞台上演，這天就成為幽靈之日。

據說《四谷怪談》是源自於江戶時代初期的真實案件：四谷左門町的阿岩（21 歲），因為丈夫田宮伊右衛門（31 歲）搞外遇還生了孩子，崩潰抓狂後失蹤不見人影，之後包含伊右衛門等田宮一家十八口全部陸續死於非命，田宮家就此滅門，人們傳說這正是阿岩的怨靈在作祟。從歌舞伎開始，《四谷怪談》曾多次在舞台、電影與電視演出，奇怪的是不少參與演出和工作的人員會發生意外或是想不開，讓人不禁懷疑阿岩是否還在持續作祟，因此日本演藝圈就有著在演出《四谷怪談》之前，得先到祭祀阿岩的神社寺院參拜的習慣。

7月／27　西瓜之日（スイカの日）

早在四千年前，埃及壁畫就出現人們種西瓜的圖樣，因此西瓜確實是從西方傳來的瓜無誤，至於日本則大約是在室町時代才開始種西瓜。7月27日之所以是西瓜之日的原因，來自此時正值盛暑，很熱，非常熱，日本的西瓜愛好者心想，西瓜表皮有一條條的深綠色條紋，條紋的日文是綱（つな，Tsuna），西瓜就是夏天的條紋（夏の綱，Natsu no tsuna），這裡頭有數字7、2、7的諧音，所以就這麼訂了。

說到西瓜，許多人就會想到夏天在海水浴場，比基尼美女們玩矇眼敲西瓜吧，（編輯：應該只有你講到敲西瓜會想到比基尼美女），但你知道曾經有個日本敲西瓜協會（Japan Suika-Wari Association；JSWA）嗎？他們制定的敲西瓜規則如下：敲西瓜的人與西瓜之間的距離為9.15公尺，棒子長度不得超過1.2公尺，時間則限制為3分鐘。為了確保敲西瓜者矇著眼確實看不到東西，測試的方式就是在他面前丟下一張萬元日鈔，至於裁判呢，則必須要在當年吃超過10顆西瓜的人才有資格擔任。

7月／28　要做什麼？自由研究之日（なにやろう？自由研究の日）

大正時代，日本開始出現「新教育」與「新學校」的風潮，也就是從以往的老師、大人為中心，轉變為以學生為中

心的教育方式，這時候也開始出現一個新東西：自由研究，簡單地說就是讓學生自己決定題目，然後自己去探索發掘答案。

二戰結束之後，自由研究成為日本小學生和國中生暑假期間的重要功課，並且還有成果展覽會與縣市比賽，日本的民間教育出版公司進研ゼミ（Zemi）就將7月28日訂為要做什麼？自由研究之日，一方面因為要做什麼的日文なにやろう（Nani yarou）有數字7、2、8的諧音，另一方面則是日本學校暑假在這時候才剛剛開始。或許有人會問，像這樣的做法真的會有成效嗎？當然有！你沒看經過一個暑假之後，許多爸爸媽媽的自由研究功力都突飛猛進了呢！

7月/29 七福神之日（七福神の日）

我們有八仙過海各憑本事，日本則有七福神。日文數字2、9可以唸成ふく（Fuku），剛好與日文的福同音，前面再加個7，正好可以代表七福神，所以7月29日就是七福神之日。日本的七福神，分別是惠比壽、大黑天、福祿壽、毘沙門天、布袋、壽老人、弁財天，好玩的是在七人之中，惠比壽來自日本神話，大黑天、毘沙門天、弁財天是源自印度的神明，福祿壽、布袋與壽老人則源自中國，此外弁財天也是這七人之中唯一的女生。

7月/30 職業摔角紀念日（プロレス記念日）

力道山在 1924 年（大正 13 年）出生於當時被日本統治的朝鮮，1940 年初次登上相撲土俵比賽，並在 1949 年取得關脇地位，僅次於橫綱與大關，然而在 1950 年時，力道山做出了驚人之舉，自己切掉髮髻並宣布退出相撲界，但他的下一步則更加不可思議：投入職業摔角運動。力道山跑去夏威夷努力修練，1953 年回國之後，在 7 月 30 日宣布成立日本職業摔角協會，讓這天成為職業摔角紀念日。

配合日本的電視在 1953 年開播，力道山領軍的日本職業摔角透過電視轉播，很快就席捲了全日本，但可惜在 1963 年 12 月 8 日，力道山只因有沒有踩到腳的小爭執，被黑道小弟村田勝志朝腹部捅了一刀，原本並無大礙，卻在七天後因併發腹膜炎逝世，享年僅 40 歲，但他留給人們二位非常重要的弟子，那就是安東尼奧・豬木與巨人馬場。

7月/31 海灘之日（ビーチの日）

說到夏天，就會讓人想到夏日豔陽下的許多東西，像是比基尼，還有比基尼，以及比基尼（編輯：你腦袋根本只有比基尼啊啊），喔對了，還有海灘。日本海灘文化振興協會因為找不到海灘的數字諧音，所以他們就以「海浪很棒」（波がいい，Nami ga ii）裡有數字 7、3、1 的諧音，將 7 月 31 日訂為海

灘之日。

　日本許多的海灘都會有海之家，也就是海灘小屋，專門提供餐飲服務或租賃道具，2017 年，日清為了推廣海鮮口味 Cup Noodle，特別舉辦一場海之家活動，但地點卻選在四面都不靠海的群馬縣山上，日清還在宣傳海報上寫著現場預計會出現的東西，以及括弧內的註釋：泳裝美少女（有），海鷗（希望它們飛得過來），漁船（閉上眼睛就看得到），海豚（會有嗎？），美人魚（我們相信有），海灘救生員（還真的有），遊艇（那是我們的憧憬），燈塔（雖然沒有，但工作人員的燦爛笑容會照耀你）。

註：「海豚」與「會有嗎」的日文發音一樣都是 Iruka。

8月
（葉月）

8月/1 ㄋㄟㄋㄟ之日（おっぱいの日）

　　熟悉日本動漫的讀者朋友都知道，日文的歐派（おっぱい，Oppai）就是ㄋㄟㄋㄟ的意思，而8月1日之所以是ㄋㄟㄋㄟ之日，就來自081剛好與おっぱい諧音，你說一年之中有哪天能比這天更適合拿來讚嘆ㄋㄟㄋㄟ、感恩ㄋㄟㄋㄟ咧？

　　這個ㄋㄟㄋㄟ之日是在網路社群上自然形成的，至於原因呢，嘛，你知道的，網路社群上專畫美少女的繪師們，以及眾家網紅小模，總得找個日子來借題發揮，秀一秀自己的ㄋㄟㄋㄟ圖或ㄋㄟㄋㄟ照啊。此外，11月8日也是「好ㄋㄟㄋㄟ之日」（いいおっぱいの日），因此當天日本網路社群也會出現ㄋㄟㄋㄟ滿天飛、一片欣欣向榮的景象。喔，對了，8月1日也是世界母乳日（這是真的）。

8月/2 小褲褲之日（パンツの日）

　　熟悉日本動漫的讀者朋友都知道（對，我在跳針），日文的胖次（パンツ，Pantsu）就是英文的Pants，也就是內褲，俗稱為小褲褲，但8月2日為何會是小褲褲之日？因為パンツ剛好與數字8、2諧音，早在1984年，奈良縣的內衣製造商磯貝布帛工業就將8月2日訂為小褲褲之日，但大家千萬不要以為這是只有小廠商才會玩的梗啊，連日本最大的內衣製

造商華歌爾，也將 8 月 2 日訂為小褲褲之日喔！

　　8 月 2 日同時也是金銀之日，但跟何金銀一點關係也沒有（放開那個女孩！）。1928 年（昭和 3 年）8 月 2 日，日本男子選手織田幹雄在荷蘭阿姆斯特丹奧運三級跳項目中，勇奪日本與全亞洲史上第一面奧運金牌，同一天日本女子選手人見絹枝也在 800 公尺路跑項目獲得銀牌，因此這天就成為金銀之日。1964 年 10 月 10 日東京奧運開幕式，奧委會旗被升至 15 公尺 21 的高度，就是織田幹雄當年奪得奧運金牌時所跳出的距離。

蜂蜜之日（はちみつの日）

　　為了推廣蜂蜜，全日本蜂蜜協同組合與日本養蜂蜂蜜協會二個組織共同在 1985 年將 8 月 3 日訂為蜂蜜之日，這來自日文的蜂蜜（はちみつ，Hachimitsu）與數字 8、3 諧音。2020 年初，日本出現了二款有關蜂蜜的創意新商品，一個是給鋼筆使用的蜂蜜墨水，這墨水看起來就是蜂蜜，聞起來也是蜂蜜，但是吃起來肯定不是蜂蜜，另一個則看起來完全就是市售的膠水，但塗抹出來的卻是真正的蜂蜜！怎麼樣？是不是讓你覺得很錯亂？

　　除了蜂蜜之外，日文的剪刀ハサミ（Hasami）同樣也有數字 8、3 的諧音，因此日本現代美容美髮的開創者山野愛子在 1978 年將 8 月 3 日訂為剪刀之日（ハサミの日），她還在 1981 年於東京增上寺境內一角建了尊聖鋏觀音（剪刀

觀音），每年到了剪刀之日這天，許多美髮、裁縫等專靠剪刀與奪命剪刀腳（編輯：並沒有）吃飯的人，會將報廢的剪刀送到這兒供養。

4 橋之日（橋の日）

1986 年，造橋公司的員工湯淺利彥想讓大家了解橋梁的重要性，並透過橋梁培育居民對於河川和鄉土的愛，就開始在故鄉宮崎縣延岡市推動橋之日活動，因為日文的橋（はし，Hashi）與數字 8、4 諧音，所以橋之日就選定為 8 月 4 日。在湯淺利彥的努力下，橋之日活動漸漸在日本各地開枝散葉，到 2015 年時，橋之日已經成為日本所有都道府縣都有的節日。

除此之外，全日本最大的村：奈良縣十津川村也因同樣諧音的緣故，將這天訂為吊橋之日，因為他們不但擁有日本最長的鐵線吊橋：長度 297.7 公尺的谷瀨大橋，同時還有超過 60 座大大小小的吊橋，數量也是日本第一。這個日本最大的村有多大呢？比整個琵琶湖還大，也比整個東京 23 區還大。

因為日文的筷子也是はし，所以日本的免洗筷組合在 1975 年就已將 8 月 4 日訂為筷子之日（箸の日），而且你可能很難想像，我們常見的那種一掰為二免洗筷，早在江戶時代就已經出現了呢。

計程車之日（タクシーの日）

1912 年（明治 45 年）7 月 10 日，計程汽車株式會社在東京有樂町成立，之後他們在 8 月 5 日以六輛福特 T 型車開始展開營業，日本的計程車就此誕生，之後東京乘用旅客自動車協會就在 1984 年將 8 月 5 日訂為計程車之日。

曾在日本坐過計程車的人，不知是否會對司機手上的白手套印象深刻？白手套不但可讓司機擁有清潔感與專業感，還可以防滑，防汙，防曬，所以即使法律並沒規定非得戴手套不可，計程車公司還是都會提供，而司機也都會戴上，此外還有一點：有時計程車司機必須在車內對外比一些手勢，如果戴上白手套，車外的人隔著車窗也能看得比較清楚。

火腿之日（ハムの日）

日本火腿・香腸工業協同組合將 8 月 6 日訂為火腿之日，來自於火腿的日文ハム（Hamu）與數字 8、6 諧音。日本最初自製的火腿大約出現在幕府末年到明治初年，但到底誰才是第一人則眾說紛紜，可能的人選有松田雅典、松本辰五郎、中村健吉的祖先，以及片岡伊右衛門，而這四人全都出身長崎，可確定的是在 1872 年（明治 5 年），松田雅典曾向前來長崎的明治天皇獻上自家製的火腿。早年的火腿有多貴呢？在大正時代，一條火腿的價錢可以買到白米一俵，也

八月
葉月

就是 60 公斤！

8月/7 芭娜娜之日（バナナの日）

好啦，其實應該是香蕉之日，但我就是忍不住啊，實在很想像小小兵一樣大喊著「芭娜娜！～」。日本人有多愛吃香蕉呢？根據 2018 年資料，日本進口第一名的水果就是香蕉，總量達到 100 萬噸，遠勝過第二名的鳳梨（約 16 萬噸）、第三名的奇異果（約 10 萬噸），以及第四名的橘子（約 8 萬噸）。因為香蕉的日文バナナ（Banana）與數字的 8、7 諧音，因此日本香蕉輸入組合選定 8 月 7 日作為香蕉之日，也是很合邏輯的。差點忘了，這天也是東京名產：東京芭娜娜（東京ばな奈）之日喔。

8月/8 章魚燒之日（たこ焼の日）

8 月 8 日的節日相當多，首先它是章魚之日，因為章魚有 8 隻腳，不選 8 月 8 日要選哪天呢？除此之外，因為燒的日文燒き（Yaki）與數字 8 諧音，所以這天也是章魚燒之日。跟其他日本美食比較起來，章魚燒出現得比較晚，它是在 1935 年（昭和 10 年）才被大阪會津屋創始者遠藤留吉研發出來，並賦予章魚燒的名稱。

章魚燒嗑太多的話會變胖，假如你真的吃得肥肥了，那

麼恭喜你，可以在這天順便慶祝肥胖之日（デブの日），這是大日本肥滿者連盟在 1978 年訂定的，他們認為 8 這個字呢，跟身上一圈一圈的肉很像（腹愁者聯盟：讓我們向食物復仇！消滅它們吧！）。最後呢，如果你真的怎樣也瘦不下來，人家不是常說胖子最樂觀嘛，那麼就在這天慶祝大笑之日（笑いの日）吧，因為日文 8 的諧音是は（Ha），二個 8 就是はは（Ha Ha），哈哈哈哈哈哈哈哈。

8月／9 禿頭之日（ハゲの日）

巨石強森、馮迪索和佛地魔，這三個人有什麼共通點呢？有的，他們都是禿子。但在講禿子之前，我要先講一下擁抱。因為日文的擁抱（ハグ，Hagu）與數字 8、9 諧音的緣故，讓 8 月 9 日成為擁抱之日（ハグの日），而日文的禿叫做ハゲ（Hage），可能是因為字型長得很像ハグ吧？許多日本禿友也在這天慶祝禿頭之日，而說到禿頭，我就得提一下增毛之旅的傳說。

日本高知縣有個半家（Hage）車站，站名剛好與禿同音，另外在北海道則有個增毛（Mashike）車站，因此在日本的禿友之間流傳一種特別的旅行，那就是從半家車站搭乘火車前往增毛車站，意喻從禿頭邁向增毛，但可惜增毛車站已在 2016 年廢站，禿友們如今來到此地，只能望著人去樓空的月台，憑弔逝去的青春與頭毛。

總之呢，這天的最佳慶祝方式，就是請大家頂著一頭濃

密的黑髮，去給禿子一個溫暖的擁抱。（編輯：夠了喔）

8月/10 烤雞之日（焼き鳥の日）

有些讀者可能會感到困惑，怎麼這麼多節日都跟吃的東西有關啊？你是真有這麼餓嗎？這時候我就得引用電影《復仇者聯盟》中浩克的經典台詞「That's my secret, Captain. I'm always Hungry!」（編輯：呃，不，人家說的是 Angry）。

日文的烤雞叫做焼き鳥（やきとり，Yakitori），剛好有數字 8 與 10 的諧音，因此被日本人稱為烤雞之父的根本忠雄就將 8 月 10 日訂為烤雞之日。除了烤雞之外，因為日文的帽子ハット（Hatto）也與 8、10 諧音，所以全日本帽子協會也把這天訂為帽子之日（帽子の日），嗯，所以這天就是要戴著帽子吃炸雞囉？

8月/11 加油之日（ガンバレの日）

就算不懂日文的人，大多也知道甘巴雷（ガンバレ，Ganbare）是日文加油的意思，那麼 8 月 11 日與加油有什麼關係呢？1936 年（昭和 11 年）8 月 11 日，在柏林奧運女子 200 公尺蛙式決賽中，23 歲的前畑秀子以 0.6 秒些微之差擊敗地主德國隊選手瑪莎，成為日本第一位奪得奧運金牌的女子選手。由於時差的關係，當時電台實況廣播是在日本的

八月

葉月

半夜進行，NHK 播報員河西三省在前畑秀子進行決賽時，熱血沸騰地連續狂喊超過二十次以上的加油（ガンバレ）！這天就這樣成為加油之日。

　　除了加油之日外，這天也是日本國定假日：山之日。我們前面講到日本在 1995 年將 7 月 20 日訂為海之日，這時日本山岳會就講話啦，既然有海之日，怎麼可以沒有山之日咧？經過各界討論之後，日本政府在 2016 年將 8 月 11 日訂為山之日，有一說 8 月 11 日的由來是漢字「八」的模樣就像座山，數字 11 則代表山上生長的樹。

8月／12　海蒂之日（ハイジの日）

　　1977 年 11 月 13 日，台灣的電視上響起了「啦啦啦嘟嘟」的歌聲，那就是當年最有人氣的卡通《小天使》，大小觀眾跟隨著 8 歲的少女小蓮，一起徜徉於阿爾卑斯山的自然美景。

　　《小天使》的原名是《アルプスの少女ハイジ》（阿爾卑斯的少女海蒂），海蒂就是小蓮的本名（順帶一提，小芬的本名叫克萊拉 Clara），日本開始播放的日期是 1974 年 1 月 6 日，製作團隊成員包含知名的導演宮崎駿與高畑勳，故事則源自瑞士女作家約翰娜・施皮里（Johanna Spyri）1880 年出版的小說。多年來，海蒂在日本一直擁有廣大人氣，擁有海蒂版權的 Suncreate 公司就在 2010 年將 8 月 12 日訂為海蒂之日，這源自於海蒂（Heidi）的日文ハイジ（Haiji）與數

字 8、1、2 諧音。

8月/13 函館夜景之日（函館夜景の日）

日本有知名的三大夜景，分別是從長崎縣稻佐山所看見的長崎夜景，從兵庫縣摩耶山（六甲山）所看見的神戶大阪夜景，以及從北海道函館山所看見的函館夜景。1991 年，函館市將 8 月 13 日訂為夜景之日，源自於日文數字 8 可以唸做や（Ya），與夜同音，那麼景呢？呃，13 在撲克牌裡就是老 K，日文的景則唸做けい（Kei），與 K 諧音，所以813 就等於夜景了……（我們深切地感受到函館市的努力）。

日本的三大夜景也有百萬美金夜景的美譽，這說法來自在 1953 年時，關西電力副社長中村鼎登上摩耶山欣賞神戶大阪夜景，一邊讚嘆不已，一邊職業病發作開始計算電費：嗯，從大阪到神戶大約有 496 萬 7,000 盞燈，一天的電費約 4 億 2,900 萬日圓，按當時匯率換算成美金的話，大概是 116 萬美元，確實是百萬美金夜景無誤。

8月/14 游泳之日（水泳の日）

二戰前的日本游泳連盟認為日本是個海島國家，如果大家都會游泳的話，不但可以減少憾事的發生，同時還能增強體力，就在 1938 年（昭和 13 年）8 月 28 日舉辦了第一屆國

民皆泳之日學童游泳大會，此舉獲得日本政府與各界的強力支持，因為當年大家想的是強身健體、游泳報國，游完泳後還得齊聲大唱愛國歌曲，看到這副光景的日本滑雪連盟，也趕緊在 1939 年 2 月推出國民皆滑雪之日活動，而每年舉辦的國民皆泳之日學童游泳大會，則在 1944 年後因二戰而終止。

二戰結束後的 1953 年，日本游泳連盟將 8 月 14 日訂為國民皆泳之日（国民皆泳の日），同時在 8 月 20 日恢復舉辦國民皆泳之日游泳大會，但大概因為這個名稱太過老氣，加上又具有戰時全國動員的意識，於是日本游泳連盟就在 2014 年將國民皆泳之日改名為游泳之日。

8月/15 生魚片之日（刺身の日）

大家都知道生魚片又叫做沙西米，這個詞是來自日文刺身（さしみ，Sashimi），但為何要叫刺身而不是切身、傷身（喝酒啊？），連日本人自己也都還沒搞清楚。8 月 15 日之所以是生魚片之日，來自在室町時代 1448 年陰曆 8 月 15 日這天，一位朝廷書記官中原康富在他的日記寫下「拿鯛魚鰭刺在鯛魚身上，所以才叫刺身啊」，這就是刺身一詞首次出現在文史上的紀錄，然後經過 567 年，《沙西米》變成波多野結衣在 2015 年主演的一部電影。（編輯表示最後二句補充得好沒必要）

8月/16 月遲盂蘭盆送火（月遅れ盆送り火）

1873 年（明治 6 年）1 月 1 日明治改曆，所有原本陰曆的節日都二話不說變為陽曆，在陽曆 1 月 1 日過新年，5 月 5 日過端午，7 月 7 日過七夕，全民也大多乖乖照辦，唯獨對於讓故人與老祖宗回家看看的盂蘭盆會，大家的意見可就不一樣了。

傳統盂蘭盆會的時間從陰曆 7 月 1 日開始，主要活動則是 7 月 13 日的迎火到 7 月 16 日的送火，但是在改曆之後，除了東京都與部分地區外，大多數地方都在原本陰曆接近的日期、也就是 8 月 13 日至 16 日進行盂蘭盆會，這叫做月遲盂蘭盆（つきおくれぼん，Tsukiokure bon），而東京的盂蘭盆會時間（陽曆 7 月 13 日至 16 日）則被叫做東京盆或新盆。

盂蘭盆會最後一天最主要的活動就是送火，8 月 16 日月遲盂蘭盆送火即由此而來，像京都知名的五山送火（大文字送火），就是固定在每年這天的晚上舉辦。

8月/17 鳳梨之日（パイナップルの日）

世界最大的水果蔬菜公司 Dole 將 8 月 17 日訂為鳳梨之日，因為夏天是品嚐鳳梨的好時節，而且鳳梨的日文パイナップル（Painappuru）裡剛好有數字 8、1、7 的諧音。

パイナップル這個字顯然是來自英文的 Pineapple，而這

個英文字又是因為鳳梨兼具有松毬的外觀與蘋果的甘甜，才將松樹 Pine 與蘋果 Apple 二字組合而成，但是到了日本之後，明治大正期間的日本人是直接把這英文給直譯為松蘋果。話說回來，那麼台灣又為何會叫做鳳梨呢？根據清朝康熙年間《台灣府志》記載，因為鳳梨頂端的一簇綠葉形狀像似鳳尾，所以才取這個名字。

8月/18 高中棒球紀念日（高校野球記念日）

距離現今一百多年前的 1915 年（大正 4 年）8 月 18 日，總公司位於大阪的朝日新聞社在大阪的豐中球場舉辦了第一屆全國中等學校優勝野球大會，高中棒球紀念日即由此而來，當時全國 73 所學校中，總共有 10 隊通過預賽入場比試，先攻後攻皆由對戰雙方猜拳決定，贏的人可以選擇先攻或後攻，最後由京都第二中學校以 2 比 1 擊敗秋田中學校獲得冠軍。

1917 年，第二屆比賽場地更換至兵庫縣西宮市的鳴尾球場，1824 年的第十屆比賽場地，則再移轉至西宮市最新完成的運動場，因為這一年適逢甲子年，因此這座運動場就被命名為甲子園大運動場，是的，這就是日本高中棒球最高榮譽：夏季甲子園大賽的由來，而一直到今天，甲子園大賽依然讓對戰雙方猜拳決定先後攻的順序。

8月/19 機車之日（バイクの日）

根據我大膽的推論，這個機車之日，應該不是為了要紀念誰實在有夠機車而訂下來的（廢話）。日本的總務廳交通安全對策本部在 1989 年將 8 月 19 日訂為機車之日，原因是機車的日文バイク（Baiku）與數字 8、1、9 諧音。

說來很不可思議，在 1963 年 8 月 4 日這天，一位汽車技師鍋田進竟然騎著機車直接登上了富士山頂，而富士山是沒有路的！而且他所騎的並非是強悍的越野機車，而是 HONDA 所生產的小狼（Super Cub），排氣量只有 50 到 100cc，但這機車在日後將生產超過一億輛，成為全球機車界的傳奇。

此外，因為俳句的日文はいく（Haiku）也與數字 8、1、9 諧音，所以這一天也是俳句之日（俳句の日）。

8月/20 葡萄酒之日（ワインの日）

日本侍酒師協會在 1994 年將每個月的 20 日訂為葡萄酒之日，為什麼是 20 日呢？大家都知道最頂級的葡萄酒來自法國，所以要尋找這個題目的解答，就必須從法文下手。葡萄酒的英文是 Wine，但是法文則是 Vin，發音唸起來像英文的 Van，而法文的 20 則是 Vingt，剛好發音唸起來也像英文的 Van，所以每個月的 20 日就等於是葡萄酒的日子囉。

先不用急著找開瓶器，葡萄酒的日子可不是只有每月
20 日喔！2 月 2 日是南非葡萄酒之日，因為南非最早出現
釀製葡萄酒記錄的日期是 1659 年 2 月 2 日；6 月 2 日是義
大利葡萄酒之日，因為這天是義大利的國慶；9 月 8 日則是
西班牙葡萄酒之日，這源自於西班牙在 1932 年 9 月 8 日通
過了葡萄酒法案。

8月/21 女子大學生之日（女子大生の日）

日本最初的女子大學生，出現於 1913 年（大正 2 年）
8 月 21 日，但是日本最早的女子大學卻是從 1901 年（明治
30 年）4 月 20 日就有了，難不成這些學校空了十來年都沒
人讀喔？當然不是，其實原因還蠻特別的：當時的女子大學
雖有大學之名，但只被當成專門學校，一般的真正大學還是
只招收男生。

1913 年，位於宮城縣的東北帝國大學率日本風氣之先，
首度開放女生參加入學考試，在報考的四位女生之中，牧田
らく（Raku，當年 26 歲）、黑田チカ（Chika，當年 30 歲）、
丹下ウメ（Ume，當年 41 歲）等三人在 8 月 21 日被公告分
別錄取數學科與化學科，日本的女子大學生就從這一刻誕
生。

有趣的是，這三人雖然順利就讀與畢業，黑田與丹下在
日後也取得極高的學術成就，但因為社會爭議太大，所以東
北帝國大學當年只招收了她們這一屆女生，之後並沒有續

招，而下一批女生進入東北帝國大學就讀，則是十年後的事了。

對了，因為日文的 8、2、1 與英文的兔子 Bunny 諧音，所以這天也是兔女郎之日（バニーの日），日本網路社群會出現大批的兔女郎圖，但請大家千萬不要誤會，以為日本女大學生都是穿成這副德行去上學的。（編輯：廢話）

8月/22 叮叮電車之日（チンチン電車の日）

東京地下鐵舉世聞名，但若要究其根源，竟然得從馬談起。東京馬車鐵道在 1882 年（明治 15 年）開始營運，也就是在一般的道路上鋪設鐵軌，但上頭跑的不是火車，而是用馬拉的車廂，雖然馬車噠噠噠地頗富浪漫風情，但 2,000 頭馬留下的便便，也讓沿路居民叫苦連天，於是大家開始把目光轉向路面電車。

日本最早的路面電車，出現於 1890 年 5 月 4 日在東京上野公園舉辦的內國勸業博覽會，過了五年之後，第一條在市街行走的路面電車於 1895 年 2 月 1 日在京都出現，而東京的路面電車則在 1903 年 8 月 22 日才開始營運，讓這天成為叮叮電車之日，那時候還出現了很有趣的景象：如果你去參拜淺草寺，你會看到路面電車，卻不一定會看到雷門，因為當年的雷門是時有時無的，有興趣的人可以參考我另一本有關日本旅遊的書。

話說回來，為何會有叮叮電車這個詞？是因為當我在坐

車時，會看到太陽裡有個嬰兒對我燦爛微笑嗎？（編輯：唉，
這個叮叮不是那個丁丁，你真是個人才啊）原來在路面電車司機的腳下
有個足鐘，當司機需要跟車掌溝通，或是停車、開車、警示
車外行人車輛時，司機只要用腳踩，足鐘就會發出叮！叮！
的聲響，因此路面電車才會被叫做叮叮電車。

8月／23 油之日（油の日）

　　日本有八萬神社，其中一間竟然擁有油祖的稱號？西元
859 年，年方 9 歲、才繼位一年的第五十六代清和天皇，某
晚夢見太陽寄宿體內，同時神喻告知為了鎮護國家，必須將
九州宇佐八幡宮的八幡神分靈至京都祭祀，於是在陰曆 8 月
23 日這天，石清水八幡宮就在京都大山崎鎮座，因為此地
鄰近第五十二代嵯峨天皇的離宮舊址，這八幡宮在日後也被
叫做離宮八幡宮。講到這裡，我們知道日子的由來了，但這
跟油又有什麼關係呢？

　　離宮八幡宮建成後沒幾年，宮內神官也收到神喻，發明
出全新的榨油神器，所榨的油不但提供各地神社佛閣點燈之
用，更上獻給朝廷，朝廷因此賜予離宮八幡宮油祖之名，同
時讓其擁有油的專賣權利，當時的油商若是沒有離宮八幡宮
的許狀，是不可以賣油的。直到今天，離宮八幡宮依然受到
日本油商的崇敬。

8月/24 沙拉醬之日（ドレッシングの日）

　　我在前面講到每個月 22 日都是奶油蛋糕之日，來自於月曆上每個月 22 日的正上方都是 15 日，日文的 1、5 與草莓諧音，在 22 的上面有 15，就像奶油蛋糕上面一定有草莓一樣，而沙拉醬之日也是相同的道理，所以我們就得從 8 月 31 日談起。

　　蔬菜的日文野菜（やさい，Yasai）與數字 8、3、1 諧音，所以日本的全國青果物商業協同組合連合會在 1983 年將 8 月 31 日訂為蔬菜之日（野菜の日），而當我們吃生鮮蔬菜時，許多人喜歡在上面淋沙拉醬對吧？那麼月曆上 8 月 31 日的上面是哪天？對，就是 8 月 24 日，所以這天就成為沙拉醬之日。

　　此外，因為牙刷的日文歯ブラシ（Ha Burashi）裡有數字 8、2、4 的諧音，所以這天也是牙刷之日（歯ブラシの日）。

8月/25 泡麵紀念日（即席ラーメン記念日）

　　根據世界泡麵協會的資料，現在全世界一年要吃掉超過一千億包（碗）泡麵，而這一切的原點，就來自在 1958 年 8 月 25 日這天，日清食品發售了全世界第一款泡麵：雞湯麵（チキンラーメン，Chikin Ramen）。當時這一包泡麵的

售價是 35 日圓，已經可以吃一碗現煮的蕎麥麵或拉麵，算是相當的高價。

說到日本運載量最大的機場，你想的是成田機場嗎？事實上東京羽田機場一年的旅客人次達到 8,500 萬，是成田機場的二倍，而羽田機場是在 1931 年（昭和 6 年）8 月 25 日開始營運的（當時叫做東京飛行場），因此這天也是東京國際機場啟用紀念日（東京国際空港開港記念日）。

8月 / 26　彩虹大橋之日（レインボーブリッジの日）

經過六年半的施工之後，連接台場與芝浦地區的彩虹大橋在 1993 年 8 月 26 日正式通車，因此這天就成為彩虹大橋之日。我們口中的彩虹大橋，其實是首都高速公路的一部分，橋梁全長 798 公尺，正式名稱是東京港連絡橋，彩虹大橋則是透過向民眾公開募集，從 20,023 封信件中所選出的暱稱。

彩虹大橋的最高之處設計為距離海面 52.4 公尺高，這是為了讓當時全世界最大的郵輪伊莉莎白皇后二世號能夠穿越橋底，停靠在東京灣內的晴海碼頭，只可惜伊莉莎白皇后二世號到 2008 年退役為止，一次也沒有從彩虹大橋底下經過。順帶一提，許多人可能不知道，彩虹大橋設有讓民眾免費通行渡橋的步道，走一趟需時約 30 分鐘左右，但有營運時間限制與休假日，而且也不能騎自行車。最後，彩虹大橋的主塔夜間打光雖然看起來都是白色，但事實上 4 月到 10

月打的是涼白光，而 11 月到 3 月的天氣較冷，所以打的是暖白光喔。

8月/27 男人真命苦之日（男はつらいよの日）

嗯，這一天並不是要所有男人緬懷自己的結婚紀念日，而是因為日本知名的系列電影《男人真命苦》第一部在 1969 年 8 月 27 日這天上映。《男人真命苦》原本是富士電視台的連續劇，但是在最後一集，男主角寅次郎為了想一夜致富而跑去抓龜殼花，結果被咬中毒死掉啦！追過劇的人就知道，這簡直就是圈圈叉叉，觀眾的抗議電話瞬間打爆電視台，編劇兼導演山田洋次心想粉絲這麼多，應該有搞頭，就重開機拍了電影版。

《男人真命苦》從 1969 年一路拍到演員渥美青於 1996 年去世為止，總計拍了 48 部，成為金氏世界紀錄認證單一演員主演的最長系列電影，唯一能相提並論的，是歷史最悠久的系列電影：《007 詹姆士・龐德》。

8月/28 小提琴之日（バイオリンの日）

1880 年（明治 13 年），住在東京深川的三味線職人松永定次郎在無人教導之下，根據他在教堂所見的西洋人小提琴，於 8 月 28 日自行做出一把小提琴，這也是日本國產的

第 1 號小提琴，因此這天就成為小提琴之日。

　　除了小提琴之日外，1953 年 8 月 28 日上午 11 點 20 分，日本電視台正式開播，讓這天也成為民營電視開始之日（民放テレビスタートの日），就在開播 40 分鐘之後的中午 12 點整，日本史上第一支電視廣告出現，所以這天同時也是電視廣告之日（テレビ CM の日），這支廣告是精工舍（也就是精工表）的 30 秒長度報時廣告，用黑白卡通表現一隻公雞幫一個時鐘上發條看時間的畫面，但這值得紀念的電視廣告首播卻因膠捲卡住而只播放了三秒，之後在晚上七點出現史上第二支電視廣告，依然是精工舍的報時廣告。

8 月/29 燒肉之日（焼き肉の日）

　　在東京都足立區有家被譽為日本第一的傳說級燒肉店スタミナ苑（Sutaminaen），因為從不開放預約，所以在開店前門口就已經大排長龍，據說有二個人也曾出現在人龍之中乖乖排隊，一位叫小渕恵三，另一位叫安倍晉三，這二人都是日本的總理大臣，燒肉就是這麼地迷人。日本各地的燒肉業者在 1992 年成立全國燒肉協會，之後在 1993 年將 8 月 29 日訂為燒肉之日，因為燒肉的日文やきにく（Yakiniku）裡有數字 8、2、9 的諧音。

　　1974 年 8 月 29 日，寶塚歌劇團首次將《凡爾賽玫瑰》搬上舞台，讓這天也成為凡爾賽玫瑰之日（ベルばらの日）。1914 年（大正 3 年）首度公演的寶塚歌劇團，曾擁有一段

 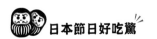

好光景，但隨著電視與各種娛樂的普及，寶塚也陷入了危機，而此時拯救他們的，就是少女漫畫《凡爾賽玫瑰》，其中女扮男裝的女（男？）主角奧斯卡，與寶塚皆由女扮男裝的俊帥形象不謀而合，因此造成極大轟動，《凡爾賽玫瑰》也成為寶塚至今最賣座的戲劇。

8月/30 富士山測候所紀念日
（富士山測候所記念日）

　　我們在談鬆餅之日時有講到，日本富士山頂曾經在1981 年 2 月 27 日測得零下 38 度的低溫，而一百多年前竟然會有人想要在這兒過冬，只是為了觀測天氣？

　　野中到出生於 1867 年，長大後致力研究氣象學，在1895 年（明治 28 年）8 月 30 日這天，他自費在富士山最高峰：標高 3,776 公尺的劍峰建立一座 6 坪大的觀測所，富士山測候所紀念日就是這麼來的。觀測所建好後，野中到先在10 月初進駐，他老婆千代子也跟著在 10 月中旬上山與他會合，但過了二個月後，野中到的弟弟前來探望他們，卻發現夫妻倆不但高山症還嚴重營養不良，趕緊把二人在 12 月 22日救下山，雖然越冬計畫宣告失敗，但他們的事蹟已在當年引發社會熱議，描寫他們故事的小說《芙蓉之人～富士山頂之妻》更被數次拍成電視劇。

8月/31 暑假作業之日（宿題の日）

　　8 月 31 日是暑假作業之日的原因，實在是不需要多說了，不少人都是在這開學前的最後一天，才一把鼻涕一把眼淚熬夜通宵地把暑假作業給趕完，更何況如果沒有在這天寫暑假作業的話，就有可能陷入 15,532 次的暑假循環，連外星人都會崩潰，詳情請參考《涼宮春日：漫無止盡的八月》，有興趣的人不妨去找這 8 集動畫來看看，相信可以深切地體會到：啊！原來這就是抓狂的感覺啊。

　　除了暑假作業之日外，因為初音未來是在 2007 年 8 月 31 日開始發售的，所以這天也是初音未來的生日喔。（什麼叫做初音只是軟體？來決鬥啊！）

9月（長月）

9月／1 防災之日（防災の日）

1923 年（大正 12 年）9 月 1 日上午 11 點 58 分 32 秒，芮氏規模 7.9 級的強震在神奈川縣相模灣爆發，這就是知名的關東大地震，這場地震奪走超過十萬人性命，幾乎將整個東京夷為平地，為了勿忘此日並加強民眾防災意識，日本政府在 1960 年將 9 月 1 日訂為防災之日，而 8 月 30 日至 9 月 5 日則為防災週。

在日本，各類防災商品不但一應俱全，並且不斷推陳出新，許多創意都讓人非常驚豔，而在近年飼養毛小孩的風潮下，日本也開始出現毛小孩的相關防災專用商品與指南，甚至還有專書的書名就叫做《無論發生什麼災害，也要和狗在一起》、《無論發生什麼災害，也要和貓在一起》，但我還沒找到《無論發生什麼災害，也要和丈母娘在一起》這本書。

9月／2 彩券之日（宝くじの日）

日本人把彩券叫做宝くじ（Takara kuji），くじ（Kuji）的漢字寫做籤，所以就是寶籤，因為くじ（Kuji）與數字 9、2 諧音，負責發行彩券的第一勸業銀行就在 1967 年將 9 月 2 日訂為彩券之日。

雖然彩券看起來很現代，然而它出現的日期可能比你想

像的要早得多，發行樂透的單位更是出乎意料，那就是日本的寺院神社。早在江戶時代初期的 1624 年，攝津國（大阪市）的瀧安寺就已開始發行富籤（富くじ，Tomikuji），因為當時幕府自己的錢不多，所以就准許部分寺院神社靠著發行富籤來籌措營運與維修資金，其中也包含我們非常熟悉的淺草寺，而位於江戶的感應寺、瀧泉寺與湯島天滿宮，更被合稱為江戶的三富。

9月／3 哆啦 A 夢誕生日（ドラえもんの誕生日）

風靡全球的哆啦 A 夢，漫畫最早出現於 1969 年的 12 月，那麼為何哆啦 A 夢的生日會是在 9 月 3 日呢？原來根據漫畫裡的設定，哆啦 A 夢是在 2112 年 9 月 3 日從松芝機器人工廠（マツシバロボット工場）誕生，所以 9 月 3 日的確是哆啦 A 夢的生日沒錯，換句話說，哆啦 A 夢是處女座的。（大雄則是 8 月 7 日獅子座，有像嗎？）順帶一提，松芝機器人工廠隱喻的是松下（現在的 Panasonic）與東芝（Toshiba）這二家日本電器大廠。

9月／4 梳子之日（くしの日）

日文數字的 9 可唸做く（Ku），4 可唸做し（Shi），有相同諧音的日文字不少，使得這天還蠻熱鬧的。首先，梳

子的日文就是くし，因此日本的美容業者早在 1978 年就將
9 月 4 日訂為梳子之日，除了梳子之外，串的日文同樣也是
くし，讓這天成為重要的串燒之日（串の日），眾多的日本
串燒業者都會在這天或是這段期間舉辦大特價活動。日本在
江戶時代就已有串燒美食，並自明治時代中期逐漸普及，而
最具代表性的就是串燒雞肉。在串燒雞肉業者中流傳著一句
話：「串肉三年，烤肉一生」（串打ち三年、焼き一生），
即使是看似微不足道的串燒雞肉，依然蘊藏著日本職人追求
極致的專業精神。

　　1990 年，日本音樂經理協會（現在的日本古典音樂事
業協會）也將 9 月 4 日訂為古典音樂之日（クラシック音樂
の日），因為古典的日文クラシック（Kurasikku）裡有數字
9、4 的諧音。

9月/5 閃電麥坤日 （ライトニング・マックィーンデイ）

　　日本迪士尼在 2019 年將 9 月 5 日訂為閃電麥坤日，理
由你應該很清楚……什麼？不知道？罰你重看一次電影。在
《汽車總動員》中閃電麥坤的賽車編號，不就是大大的 95
嗎？皮克斯之所以選用 95 這個號碼，是因為他們第一部長
片《玩具總動員》就是在 1995 年上映的。

　　麥坤在賽車場上贏得最高榮耀，而這天也是紀念日本國
民最高榮耀的日子，那就是國民榮譽賞之日（国民栄誉賞の
日）。1966 年，日本首相佐藤榮作創設了內閣總理大臣顯

彰，專門表揚對學術與文化振興有卓越貢獻的人士，可是不包含職業運動選手，到了 1977 年 9 月 3 日，王貞治創下全壘打數 756 支的新世界紀錄，首相福田赳夫想要表揚他，卻無法引用內閣總理大臣顯彰，於是就新創了國民榮譽賞，並在 9 月 5 日頒發給王貞治。到 2020 年為止，國民榮譽賞只頒發給 26 位個人與團體，最新一位是冰上王子羽生結弦，他在 2018 年以 25 歲之齡成為史上最年輕的國民榮譽賞得主。

9月／6 妹妹之日（妹の日）

在動漫《鬼滅之刃》女主角禰豆子的推波助瀾下，妹妹的無敵力量已廣為世人所知。以研究「兄弟姐妹學」著稱、已經作古歸西的日本漫畫家畑田國男，在 1991 年除了出版《「妹之力」社會學》一書之外，同時將 9 月 6 日訂定為妹妹之日，他認為最能完美詮釋妹妹惹人憐愛形象的星座就是處女座，因此就以處女座正中間的 9 月 6 日作為妹妹之日。

我在此要貼心地提醒一下大家：幻想是美麗的，現實是殘酷的，在現實世界中，一個早上會嬌嗔地叫你起床、既體貼又可愛、全心愛慕著歐尼醬的妹妹，是屬於神話、奇幻、夢想、傳說類的神獸，稀有性就跟雪山大腳怪或深海大魷魚沒兩樣，可遇而不可求，所以千萬不要指望你的妹妹會咬著竹筒一臉天真無邪，像鬼的部分倒是真的，更重要的是，醒醒吧！你沒有妹妹啊！

9月/7 廣告歌曲之日（CM ソングの日）

1951 年 9 月 7 日，日本第一支廣告歌曲在廣播裡出現，廣告主是小西六寫真工業株式會社，這公司名你應該不熟，但他們的品牌名稱你可能聽過，那就是柯尼卡（KONICA），事實上 KONIKA 的名字正是來自「小西（Konishi，創辦人繼承的屋號）的照相機（Camera）」。

回到原題，這首廣告歌叫做〈我是業餘攝影師〉，歌詞唱道：「我是業餘攝影師，帶著心愛相機拍攝可愛的女孩，前拍、側拍又斜拍，面向這兒、面向那兒，好！順利拍完！但等照片洗出來後，全都失焦啦！啊啦，失焦啦！喔呀，失焦啦！啊啊，全都失焦啦！」完全都沒提到公司名與產品櫻花軟片的名稱，作詞作曲則由人氣音樂家三木雞郎負責，對，雖然是藝名，但還是好特別，他本名叫繁田裕司，在當年可是很紅的呢。

9月/8 休養之日（休養の日）

日本 Recovery 協會將 Recovery 翻譯為休養，他們認為人就像電池一樣，在放完電之後是需要充電的，而人們的身心充電就是好好休養，為了促進大家重視休養的重要性，他們將 9 月 8 日訂為休養之日，原因來自休養的日文きゅうよう（Kyuuyou）裡有數字 9、8 的諧音。

這天還有個有趣的活動，叫做菊之著綿（菊の着綿）。9 月正是菊花盛開的時節，平安時代的貴族們有一項習俗，就是在陰曆 9 月 9 日重陽節的前一天、也就是 9 月 8 日，將用菊花染的黃色真綿（也就是絲綢）蓋在菊花上，讓真綿吸收整夜的花香與清晨的露珠，然後在重陽節的清晨拿這塊真綿擦拭臉蛋與身體，據說這樣就能無病無痛，長壽千年喔。

9月/9 急救之日（救急の日）

1982 年，日本厚生省與消防廳共同將 9 月 9 日訂為急救之日，因為急救的日文救急（きゅうきゅう，Kyuukyuu）不但剛好與中文反過來，也正好與日文數字 9、9 諧音。

在日本講到救急，大家通常會先想到救急車，也就是我們所說的救護車。日本最早的救護車，是 1931 年（昭和 6 年）紅十字會大阪分會所配備的救護車，而第一個將救護車編入組織的官方單位，則是 1933 年 3 月 13 日的神奈川縣警察部山下町消防署，當年這輛救護車是從美國進口的凱迪拉克，最高時速可達 40 公里。在 1970 年之前，日本的救護車警報聲跟消防車一樣，都是嗚～的長音，後來為了避免擾民，才從 1970 年起改成現在的逼～啵～逼～啵～。

我忽然想到，如果在台灣的話，不知道這天會不會變成九九神功之日呀？（編輯：應該不會）

9月/10 弓道之日（弓道の日）

弓術是日本古代武士的必備武技，但在明治維新的西化風潮下，射箭逐漸變成民間的遊戲與娛樂，不少歡樂街裡還出現賭弓場並兼營特種行業，但正統弓術仍在有志之士的努力之下延續著，並在 1919 年（大正 8 年）改稱為弓道，因為弓道的日文きゅうどう（Kyuudou）與數字 9、10 諧音，因此 9 月 10 日就成為弓道之日，許多日本弓道同好會在 9 月 10 日上午的 9 點 10 分於網路社群上發文。目前日本大約有 12 萬多人學習弓道，而弓道所使用的和弓（日本弓），長度足足有 221 公分喔。

對無肉不歡的人而言，這天也是重要的牛舌之日（牛たんの日）。仙台牛舌振興會在 2006 年將 9 月 10 日訂為牛舌之日，因為牛的日文ぎゅう（Gyuu）與數字 9 有諧音，那麼舌呢？舌的日文たん（Tan）發音很像英文的 Ten（10），就是這麼來的。

9月/11 公共電話之日（公衆電話の日）

公共電話曾經風光了快一個世紀，但現在的公共電話已經比侏儸紀恐龍還要罕見，你試著回想一下在電影院和電視上看到的侏儸紀恐龍，再想想你這三年看到的公共電話次數就知道了，如果你真的連侏儸紀恐龍都沒看過，那麼歡迎你

來出版社看看我們家的編輯大……（唉呀！）。日本最早的電話出現於 1890 年（明治 23 年），但是要一直等到 1900 年（明治 33 年）的 9 月 11 日，東京的上野車站與新橋車站才首次出現設置在街頭的公共電話，因此這天就成了公共電話之日。

在過去的歷史中，日本曾出現二款很有趣的公共電話，一款是在 1990 年時，為了慶祝日本電話 100 週年所製作的特別限定版本，這款公共電話擁有不只一支、而是二支話筒，可以進行發話方二人、收話方一人的三方同時通話。另一款則出現於 1993 年，當年的皇太子德仁親王與雅子結婚並舉辦遊行，為了表示慶賀之意，NTT 東日本將遊行路徑沿線的公共電話全都上了金漆，讓話機通體閃耀著金黃光芒，而當年大婚的德仁親王，則在 2019 年 5 月成為日本第一二六代天皇。

9月/12　鳥取縣民之日（とっとり県民の日）

日本許多縣都設有縣民之日，但鳥取縣的由來倒是挺有趣的，因為他們算是敗部復活。1871 年（明治 4 年）陰曆 7 月 14 日，明治政府廢藩制縣，鳥取縣就此誕生，然而在五年後的 1876 年 8 月 21 日，鳥取縣卻被併入隔壁的島根縣，就這麼不見了！幸好在 1881 年 9 月 12 日，鳥取縣又從島根縣切割出來成為一個縣，再次重現人間，因此這天就成為鳥取縣民之日。

雖然鳥取與島根是左右鄰居，名字也長得很像，但在日本 47 個都道府縣之中，島根縣經常是第 47 有名的縣（咦？），雖然島根的神明很多（知名的出雲大社在島根），可是大家更愛妖怪很多的鳥取（當地有《鬼太郎》作者水木茂之路），因此被併入島根縣的五年時光，算是鳥取縣的小小黑歷史。

9月/13 北斗神拳之日（北斗の拳の日）

「你已經死了」這句嚇死人的超經典台詞，在 1983 年 9 月 13 日首次出現於漫畫雜誌《週刊少年 Jump》上，那就是轟動武林驚動萬教，完美詮釋暴力美學，至今仍被奉為經典的動漫《北斗神拳》。

在北斗神拳裡，即使是反派也有莫大的魅力，像是騎著一匹黑色巨馬的世紀末霸者拳王拉歐。2019 年，北海道札幌市的動物園 North Safari Sapporo 正在策畫如何使用白馬來舉辦婚禮，卻無意發現一匹身高 2.5 公尺、重達一噸的巨大黑馬，身為北斗神拳死忠粉的社長一看，哇！這不是拉歐所騎的黑王嘛！立刻把婚禮企劃給甩到一旁，火速推出超特別的體驗型活動：讓你 Cosplay 成拉歐的模樣，然後騎上黑馬拍拍照片或繞繞園區，許多北斗神拳迷表示若能像這樣騎上黑王，勢必會舉起拳頭伸向天空說道：「我的生涯一片無悔！」（知此台詞者，乃真粉絲也）

9月／14 九月情人節
（セプテンバーバレンタイン）

2月14日情人節女生送男生禮物，3月14日白色情人節男生送女生禮物，然後二人交往半年之後，到了9月14日這天，女生就可以拍拍屁股向男生說 Bye Bye？

這一天叫做九月情人節（September Valentine's Day），源自日本歌手佐佐木幸男在1978年發行的單曲唱片《九月情人節》，歌詞講述男生在9月被甩的悲哀，然後1982年TBS的深夜廣播節目《Puck In Music》還加碼說，女生在甩掉男生時，要穿著紫色衣服、塗著白色指甲油，然後把用綠色墨水寫的分手信拿給男生，雖然完全不知道這道理是怎麼來的，但九月情人節也因此廣為人知。

除了悲傷的九月情人節外，日本女性內衣睡衣製造團體所組成的日本 Body Fashion 協會，也在1991年將9月14日訂為男生情人節（メンズバレンタインデー，Men's Valentine's day），他們認為2月14日女生會送巧克力向心儀的男生告白，那麼男生就應該在9月14日這天送女性內衣褲給心愛的女生，獻上愛的告白……日本 Body Fashion 協會你認真的？送內褲向女生告白？保釋金你出喔？

9月／15 （原）敬老之日（敬老の日）

二戰結束不久的1947年4月，37歲的門脇政夫當選兵

庫縣野間谷村的村長，同年 9 月 15 日他就在村裡舉辦第一屆敬老會，邀請 55 歲以上的村民一起吃喝同歡，一方面向長年貢獻社會的老人家表達敬意，另一方面也希望老人家能將其知識與人生經驗傳承給新世代。

　　1948 年 7 月，日本制定戰後的國民節日制度，既有兒童之日也有成年之日，但就是沒有老人之日，門脇政夫就將這年 9 月 15 日舉辦的敬老會訂為老人之日（としよりの日），並鼓勵其他的町村也比照辦理，獲得了廣大認同，老人之日也在 1950 年成為兵庫縣的公定節日，到了 1966 年，經過門脇政夫長達 18 年的努力之後，老人之日終於以敬老之日的名稱成為日本國定假日，門脇政夫則在 2010 年逝世，享壽 100 歲。自 2003 年起，為了配合快樂星期一政策，敬老之日被調整為每年 9 月的第三個星期一。

9月 16　賽馬之日（競馬の日）

　　早在平安時代，日本有些神社會在舉辦祭典時也進行賽馬，但一次只有二匹馬跑，路線也是直線的幾百公尺。開放鎖國之後，外國人開始進入日本，同時也帶進西洋的環狀賽馬，據說日本最早的西式賽馬出現於 1860 年的橫濱元町，之後江戶幕府在 1866 年於橫濱根岸建了賽馬場，但是交給外國人營運，過沒多久日本人經營的賽馬場也開始出現。二戰結束後，日本政府在 1948 年到 1954 年間將賽馬收歸國營，之後在 1954 年 9 月 16 日這天，由日本政府全額出資的日本

中央賽馬會成立，確立了現今的日本賽馬體制，這就是賽馬之日的由來。

除了賽馬之日外，這天也是火柴之日（マッチの日），因為日本從 1940 年 10 月 4 日因戰爭而開始實施配給的火柴，在 1948 年 9 月 16 日終於解禁，可以自由買賣了。（淚）

9月/17 義大利料理之日（イタリア料理の日）

日本義大利料理協會在 2010 年將 9 月 17 日訂為義大利料理之日，為什麼是 9 月 17 日？我猜他們原本應該是想找個跟義大利有諧音的日期，卻怎樣也找不著，於是他們腦筋一轉，想起料理的義大利文叫做 Cucina，寫成日文則是クチーナ（Kuchi-na），與數字 9、1、7 諧音，義大利料理之日即由此而來。

說到義大利料理，就讓人想到披薩與義大利麵，那麼有沒有披薩之日（ピザの日）與義大利麵之日呢？答案是有的，披薩之日源自瑪格麗特披薩的由來，也就是義大利國王翁貝托一世的王后瑪格麗特（Margherita of Savoy）的生日：11 月 20 日，而國際共通的世界義大利麵日（世界パスタデー）則是 10 月 25 日。

9月/**18** 防犯之日（防犯の日）

飯田亮出生於 1933 年，家境富裕的他在大學畢業後先進入父親的公司上班，之後於 1962 年自行創業，但他選擇的行業很特別，因為他創設了全日本第一家保全公司：日本警備保障株式會社，接著馬上就在 1964 年獨家承攬東京奧運的保全業務，之後於 1973 年建立品牌名稱 SECOM，這個字來自英文的保全 Security 與溝通 Communication。

身為日本最大保全業者的 SECOM，在 2012 年將每個月的 18 日訂為防犯之日，防犯指的是防止犯罪，但為何會是 18 日呢？因為 1 就像根立起來的棒子，具有防的意思，而犯的日文はん（Han）則有數字 8 的諧音。

9月/**19** 姓氏之日（苗字の日）

日本現在有十幾萬種姓氏，造成這現象的原點就是 1870 年（明治 3 年）的陰曆 9 月 19 日。一直到明治初年，姓氏都是屬於公家與武家的特權，一般平民雖有姓氏，但並不被允許公開使用，明治政府為了管理戶籍，就在陰曆 9 月 19 日這天頒布平民苗字許可令（苗字就是姓氏），允許平民公開使用姓氏，但一來平常習慣不講姓氏，二來擔心冠了姓氏之後會被點名課稅，老百姓可是興趣缺缺，於是明治政府只好在 1875 年（明治 8 年）2 月 13 日再頒布一個平民苗

字必稱義務令，強制每個人都得冠上姓氏，如果不知道或搞不清楚姓氏的，就自己想辦法生一個出來。

因為日本姓氏很多，所以有趣的姓氏也不少，本書既然在談一年 365 天，我就來舉二個跟日期相關的姓氏吧。四月一日，對，這真的是姓氏，唸做わたぬき（Watanuki），全日本大約有十人；八月一日，唸做ほずみ（Hozumi）或はっさく（Hassaku）等，全日本大約有八十人。

9月／20 巴士之日（バスの日）

1987 年，日本巴士協會將 9 月 20 日這天訂為巴士之日，這原因得從日本巴士的起源講起。早在 1903 年（明治 36 年）1 月，日本廣島就已出現巴士，同年 3 月大阪天王寺公園舉辦的內國勸業博覽會也有臨時巴士，但這二者的資料皆不明確，因此一般認為真正的巴士營運是這樣開始的：

1903 年，在京都販售西陣織的 28 歲年輕人福井九兵衛，和他的朋友坪井清兵衛共同成立二井商會（因為二人姓氏中都有個井字），計畫使用蒸氣汽車來開展公車事業，他們的車子可乘坐 6 名乘客，但若是雨天就無法營業，原因很簡單，因為車子沒有車頂。9 月 20 日，日本最初的營業巴士在京都正式上路，但卻在中途變成了試營運，因為警察說不好意思，交通規則還沒擬出來喔，不能營業。之後二井商會順利正式營運，只是在一連串撞車、火燒車、油價高騰、景氣衰退等因素下，才過了四個多月，二井商會就在 1904 年 1 月

結束營業了。

時裝秀之日（ファッションショーの日）

創業於 1673 年的三越吳服店，在 1905 年 1 月 2 日於報紙上發表《百貨公司宣言》，成為日本第一家百貨公司，並在 1914 年於東京日本橋建成新總店。1927 年，三越日本橋總店 6 樓三越 Hall（三越劇場）落成，並且宣布他們要舉辦日本史上第一場 Fashion Show ！

9 月 21 日這天，三越的 Fashion Show 正式登場，這就是時裝秀之日的由來，只是呢，雖然名為 Fashion Show，但可能與你想像的完～全不一樣，因為這場秀裡出現的只有和服。三越事前先向民眾募集和服圖樣設計，然後在當天讓模特兒穿上第一名到第三名的和服亮相，問題是當年的日本還沒有時裝模特兒，所以他們找來水谷八重子、小林延子、東日出子三位人氣女演員，穿上和服跳著傳統日本舞來展示服裝，這就是日本的第一場 Fashion Show。

1951 年，每日新聞社為旗下雜誌《每日英文》召募時裝模特兒，並從數千應徵者中選出 35 位「每日 Fashion Girl」，日本最初的時裝模特兒就此誕生。

9月/22 孤兒院之日（孤児院の日）

石井十次在 1865 年出生於高鍋藩（宮崎縣）武士家裡，長大後步上行醫之路。1887 年（明治 20 年），23 歲的石井十次遇到一位丈夫去世的貧窮寡母帶著二個小孩，這母親懇求他收留較大的男孩，他跟妻子商量之後收養了這個孩子，之後又收留了二個孤兒，但家裡已經住不下了，於是他就在這一年的 9 月 22 日，於岡山市三友寺創立了日本第一間孤兒院：孤兒教育會，這就是孤兒院之日的由來。

在那之後，日本各地的地震、洪災與饑饉不斷，石井十次的孤兒院一度收容多達 1,200 位孤兒，之後在 1914 年，臥病在床的石井十次透過電報得知孫子出生的消息之後與世長辭，享年 50 歲，並被後世稱為兒童福祉之父。

9月/23 不動產之日（不動産の日）

在日本泡沫經濟爆發前夕的 1984 年，日本的全國宅地建物取引業協會連合會將 9 月 23 日訂為不動產之日，原因是 9 月的房產交易暢旺，那麼 23 日呢？這裡你得把 23 換成「二十三」來看，數字 2、10、3 的諧音，就會剛好與不動產日文ふどうさん（Fudousan）相同，所以就是 23 日……。

（咦？我怎麼會流淚呢？有一種哀傷感……）（編輯：是洋蔥。我加了洋蔥）

話說日本許多單位組織的名稱都取得落落長，然後自己

又再取個簡稱，像上面講的這個連合會就自稱為全宅連，聽起來很像全是阿宅的集合對吧？

塌塌米之日（畳の日）

一講到和式房間的特色，相信許多人最先想到的就是塌塌米吧？日文的塌塌米寫作畳（たたみ，Tatami），是從動詞的畳む（たたむ，Tatamu）轉換而來，位於京都的全國塌塌米產業振興會將一年之中的二天訂為塌塌米之日，一天是4月29日，因為在2007年之前，這天是國定假日綠之日，而綠色正是塌塌米原料藺草的顏色，另一天則是9月24日，因為每年9月24日到10月1日這段期間，是日本的環境衛生週，而第一天就是清掃之日（清掃の日），該協會希望大家在換上冬衣之前，先好好清理一下塌塌米。

9／25 主婦休假日（主婦休みの日）

365天全年無休，全心照顧家人小孩的主婦真的很辛苦，如果要幫他們設定休假日的話，挑哪天會比較好呢？

提供女性生活情報的 Sankei Living 新聞社在對他們的讀者進行問卷調查之後，於2009年將1月25日、5月25日以及9月25日這三天訂為主婦休假日，因為在這三天之前，分別是主婦最忙碌的新年假期、黃金週假期與暑假假期，好

不容易忙完之後，當然希望能放鬆休息一下。主婦休假日的主張獲得花王、寶僑、龜甲萬、Panasonic 等日本許多大企業的支持，Sankei Living 新聞社也希望在主婦休假日這天，爸爸和小孩可以試著多多挑戰做家事，或是爸爸帶小孩出門去玩，好讓媽媽可以放空喘口氣。

9月/26 颱風襲來之日（台風襲来の日）

每年都會有許多颱風侵襲日本，但不知道為什麼，選在 9 月 26 日這天來的特別多又特別凶，使得這天成為颱風襲來之日。

1954 年 9 月 26 日，洞爺丸颱風侵襲北海道，青函航路的連絡船洞爺丸在晚上 10 點 43 分沉沒，總共造成 1,155 名乘客及船員死亡與失蹤，成為日本史上最大的船難，此外還有 606 人死亡或失蹤，因為除了洞爺丸之外，另外還有四艘船也同時沉沒。1958 年 9 月 26 日，狩野川颱風侵襲伊豆半島與關東地區，總共造成 1,269 人死亡與失蹤。1959 年 9 月 26 日，伊勢灣颱風侵襲伊勢灣沿岸的愛知縣與三重縣，總共造成 4,697 人死亡，401 人失蹤，38,921 人受傷，是從明治時代以來讓日本受創最為慘重的颱風，而這三個颱風同時也是現代日本死傷最多的前三名颱風。

9月/27 女性駕駛之日（女性ドライバーの日）

日本警視廳在 1907 年（明治 40 年）發出日本史上第 1 號駕駛執照，取得這駕照的人叫做渡邊守貞，他從 1893 年起就為三井銀行的社長三井高保駕駛馬車，在三井家購買汽車之後，他也自然地轉變為汽車駕駛，而當年的駕照是一塊小木板。有趣的是，在取得第 1 號駕照十四年後的 1921 年，這位渡邊守貞先生駕車在東京上野平交道撞上貨物列車，使他也成為日本第一位被吊銷駕照的人。

渡邊守貞取得駕照十年後的 1917 年（大正 6 年），剛好同姓的 23 歲女生渡邊ハマ（Hama）在 1 月從栃木縣來到東京進入汽車學校就讀，4 月畢業之後，她到汽車商會擔任實習駕駛，接著她就在 9 月 27 日這天考到駕照，成為日本第一位取得駕照的女生，讓這天成為女性駕駛之日。據說渡邊ハマ駕駛技術之高超，連考官都大感驚訝。

9月/28 隱私權之日（プライバシー・デー）

1964 年 9 月 28 日，日本第一宗侵犯隱私權的官司判決出爐，敗訴的被告正是鼎鼎大名的作家三島由紀夫。

1960 年，三島由紀夫開始連載長篇小說《宴會之後》，描繪高級料亭女老闆與政治家之間的故事，然後 1961 年 3 月 15 日就被告了，前外務大臣有田八郎認為三島由紀夫的

 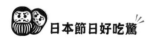

小說不但影射他，而且還侵犯他的隱私權。在法庭上，雙方不斷就創作自由與個人隱私權彼此攻防，最後法官石田哲一判決，所謂的言論與創作自由，必須以不侵犯他人名譽、信用、隱私權等權益為前提，裁定三島由紀夫必需賠償有田八郎 80 萬日圓，因此這天就成為隱私權之日。之後三島由紀夫提起上訴，有田八郎卻在 1965 年逝世，最後三島由紀夫在 1966 年與有田八郎遺屬達成和解，此外據說就是因為這項判決，才讓日本開始出現標註「本內容純屬虛構」的做法。

9月/29 招財貓之日（招き猫の日）

　　1993 年，日本的招財貓愛好者成立了招財貓俱樂部，接著他們在 1995 年將 9 月 29 日訂為招財貓之日，原因是 9 月的 9 與來的日文来る（くる，Kuru）諧音，有招來的意思，數字 2、9 則與福的日文ふく（Fuku）諧音，二者放在一起就是招來幸福的意思，完全符合招財貓的任務與精神。

　　我們現在所見的招財貓起源於江戶時代，來由說法很多，其中一個很有趣的說法是這樣的：彥根藩第二代藩主井伊直孝有天出外打獵，回程時遇到了大雨，他與眾人就在一棵大樹底下躲雨，此時卻看到豪德寺（位於東京都世田谷區）門口有隻三毛貓一直向他們招手，好奇的直孝就走向豪德寺，此時剛好一道巨雷劈向直孝方才躲雨的大樹，直孝因此逃過一劫，之後就大舉贊助豪德寺，豪德寺也在寺內建立招貓殿供奉招貓觀音，旁邊則放了上千隻的「招福貓兒」（日

文的說法）。招財貓舉起右手，代表招來金錢與福氣，舉起左手則代表招來客人，但若是欲望很大的人，也可以選擇左右手同時高舉的姿態。

9月/**30** 胡桃之日（くるみの日）

9月30日是胡桃之日，一方面這時候是胡桃的盛產季節，另一方面則是胡桃的日文くるみ（Kurumi）裡有數字9和3的諧音，嗯，那麼0呢？0代表「胡桃是圓的」……胡桃是圓的……（翻桌）。2020年9月30日，有隻長頸鹿寶寶在茨城縣日立市かみね（Kamine）動物園誕生，因為這天剛好是胡桃之日，所以這隻可愛的長頸鹿妹妹就被命名為胡桃（クルミ，Kurumi）。

10月（神無月）

眼鏡之日（めがねの日）

全世界最早的眼鏡，出現於 1284 年的義大利，至於日本最早的眼鏡，則據說是由第一批來到日本的傳教士聖方濟‧沙勿略（San Francisco Xavier）從歐洲帶來的，他把眼鏡當禮物在 1551 年送給當時 45 歲的周防國（山口縣）大名大內義隆，我想這應該是副老花眼鏡吧？雖然我們現在已經看不到大內義隆的眼鏡，但還可以看到德川家康的眼鏡喔，他愛用的眼鏡是以玳瑁殼研磨成的黃色圓框手持式眼鏡，目前收藏在靜岡縣東照宮的博物館裡，被列為日本的重要文化財。

進入和平的江戶時代後，眼鏡漸漸在民間出現，但因為價錢高昂，戴得起的人不多，連帶地也讓社會少了許多眼鏡控（咦？）。江戶時代初期，每年大約需從荷蘭和中國進口二到三萬副眼鏡，到了江戶時代中期，日本更有了國產眼鏡，你能想像嗎？在距今三百多年前的江戶時代，日本就已經有眼鏡行了耶！

接著時光一跳，我們來到 1996 年，在這一年的 9 月，日本眼鏡業界八個團體共同組成日本眼鏡關連團體協議會，為了對消費者表達感謝之意，同時傳達眼鏡的正確知識與趣味性，他們將每年的 10 月 1 日訂為眼鏡之日，但為何要挑這一天呢？原來 10 月 1 日可以寫做 1001，中間的二個 0 就是鏡圈，左右的 1 就是鏡腿，將這四個數字合起來，剛好就是一副眼鏡的模樣呀。

豆腐之日（豆腐の日）

1993 年，日本豆腐協會（對，再說一次，日本什麼都有）將 10 月 2 日訂為豆腐之日，原因來自豆腐的日文とうふ（Toufu）與數字 10、2 諧音，算是相當簡單明瞭。只是很可惜的，日本所說的「吃豆腐」就是真的吃豆腐，所以在這天的日本網路社群上，並不會出現什麼怪怪的吃豆腐圖，反而《頭文字 D》拓海駕駛的藤原豆腐店 AE86 圖片還比較多些。

此外，我們熟悉的豚骨拉麵（とんこつラーメン，Tonkotsu Ra-men）名稱中也有 10 與 2 的諧音，所以這天也是豚骨拉麵之日（とんこつラーメンの日），但應該並不適合對拉麵店的老闆吃豆腐。

登山之日（登山の日）

登山之日？我們前面不是才說過 8 月 11 日是日本國定假日：山之日，怎麼這兒又冒出個登山之日？理由其實蠻簡單的，因為登山之日比山之日要來得早很多，有多早呢？西元 1905 年（明治 38 年）。這一年，日本山岳會將 10 月 3 日訂為登山之日，原因是登山的日文とざん（Tozan）剛好與數字 10、3 諧音，而且此時秋高氣爽，天氣多晴，正是登山的好時節。

除了登山之日外，這一天也是麵包超人之日（アンパ

ンマンの日），因為在 1988 年 10 月 3 日這天，《麵包超人》動畫首次出現在日本的電視上，而他名字中的アンパン（Anpan），就是我們在 4 月 4 日提到的紅豆麵包。

10月/4 天使之日（天使の日）

世界知名內衣大廠黛安芬，為了慶祝他們的天使胸罩在日本銷售突破一千萬件，就在 2000 年將 10 月 4 日訂為天使之日，原因來自 10 的英文是 Ten，4 的日文是し（Shi），二者合起來，剛好就是日文的天使てんし（Tenshi）。

除了天使之日外，全日本刀匠會也將這天訂為日本刀之日，但這並不是說被刀一砍就當天使去了（雖然這麼說也很對啊），而是刀匠的日文とうしょう（Toushou）裡有數字 10 與 4 的諧音。日本人把刀也稱作劍，而一談到劍，我就非得講個笑話不可：某人欲得「南仁救世劍」，於市遇一人，問曰：汝販劍乎？（你有賣劍嗎）該人答曰：吾非販劍，吾乃製杖是也。（我沒有賣劍喔，我是做手杖的喔）

10月/5 時刻表紀念日（時刻表記念日）

在美國艦隊司令官培里率領黑船前來日本打破鎖國的1853 年，手塚猛昌出生於山口縣，之後在幕末的動亂中長大，33 歲時到東京的慶應義塾就讀，並於畢業隔年的 1890

年（明治 23 年）創設了庚寅新誌社。

　　日本的鐵路開始於 1872 年（明治 5 年）10 月 14 日，隔天就有了時刻表，但在庚寅新誌社創立之時，雖然日本鐵道已經運行十八年，卻仍沒有固定時間發行的時刻表，就算是放置在車站內的時刻表，寫的也是幾個月前的發車時間，跟實際情況不盡相同，於是手塚猛昌就參考鐵路發源之地：英國的月刊時刻表，在 1894 年（明治 27 年）10 月 5 日發行了全日本第一份月刊時刻表《汽車汽船旅行案內》，為日後所有日本的鐵路時刻表奠定基礎，這一天就成為時刻表紀念日，而手塚猛昌也被後世尊為日本的時刻表之父。

湯姆之日（トムの日）

　　湯姆之日？這是哪個湯姆？《湯姆歷險記》的湯姆？不是，這個湯姆是國際超級大明星：湯姆・克魯斯（Tom Cruise）。為了表彰他的貢獻，向他致上感謝之意，更重要的是為了宣傳《不可能的任務 3》電影 DVD 上市，日本派拉蒙公司在 2006 年將 10 月 6 日訂為湯姆之日，原因來自湯姆的日文トム（Tomu）與數字 10、6 諧音。有趣的是，這天在日本網路社群上固然會有不少湯姆・克魯斯的照片，但是另一位湯姆、也就是蜘蛛人湯姆・霍蘭德（Tom Holland）的照片也越來越多，順帶一提，小湯姆與大湯姆二人相差34 歲，大湯姆的年紀可以當小湯姆的爸了。

防盜之日（盜難防止の日）

日本損害保險協會在 2003 年將 10 月 7 日訂為防盜之日，原因來自竊盜的日文盜難（とうなん，Tounan）裡有數字 10、7 的諧音。

日本人把小偷叫做泥棒（どろぼう，Dorobou），據說是從強取者（取り坊，Toribou）或強奪（とろばう，Torobou）演變而來，但民間比較喜歡的說法，則是因為小偷的臉上塗著泥，手上還拿根棒子，以防萬一失風被發現時可以 K 人。2007 年，大阪出現一位全身穿著黑衣的小偷，以矯健的身手步姿侵入民居偷竊 250 次以上，而被日本警方內部稱為「平成的忍者」，後來警方抓到他時，才發現他是一位已經 74 歲的老阿伯，真不愧是忍者大國啊。

假牙日（入れ齒デー）

是的，你沒看錯，就算是假牙也有屬於自己的美好日子，但想想假牙總共 A 掉我們多少的錢、養肥了多少牙醫，也就覺得頗為理所當然。10 月 8 日之所以是假牙日，並不是因為這時候是假牙盛產滿天飛舞的旺季（廢話），而是來自假牙的日文入れ齒（Ireba）與數字 1、0、8 諧音。

日本的假牙起源不但相當早，而且還發展出非常獨特的技術，早在平安時代，人們就已經學會使用蜜蠟來取齒模，

 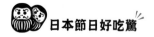

然後他們拿什麼來做假牙呢？木頭。沒錯，最初是用木頭將牙床牙齒一體雕刻成型，之後演變為用木頭雕刻牙床，然後上頭再鑲上蠟石、象牙獸骨、硬木，甚至是真人牙齒所做的義齒，像這樣的假牙連德川家康都戴過呢，而且你很難猜得到這假牙是誰做的。假牙床的原料是極硬的木頭，必須要擁有最屬害的木雕技術，才能雕出合口的假牙，那麼當年最屬害的木雕家是誰呢？就是專門雕刻佛像的木雕師，也叫做佛師。

10月/9 東急之日（東急の日）

2024 年日本換發新款紙鈔，而最高面額一萬日圓紙鈔上的人物，就是被稱做日本資本主義之父的澀澤榮一。1840 年，澀澤榮一出生於武藏國（埼玉縣）血洗島村（這村名很特別，但由來眾說紛紜），他先擔任末代將軍德川慶喜的家臣，之後又為明治政府效力，在 34 歲退官之後，澀澤榮一跨入商界並開設多家公司，其中一家是 1918 年（大正 7 年）設立的土地開發公司：田園都市株式會社，這家公司的鐵道部門在日後獨立，並於 1942 年演變為東京急行電鐵，東急二字即由此而來。

巧合的是，東急的日文とうきゅう（Toukyuu）剛好與數字 10、9 諧音，所以 10 月 9 日就被東急集團訂為東急之日。看到這裡，109 這三個字有沒有讓你聯想到什麼？對，澀谷最知名的地標之一：109 百貨，就是東急集團旗下的商場，

名稱也是從東急諧音而來，另外還有營業時間從早上 10 點到晚上 9 點的意思。

10月/**10**　（原）體育之日（体育の日）

　　原定 2020 年舉辦的東京奧運因故順延，但事實上東京每次舉辦奧運似乎總會遇到一些麻煩。早在 1940 年，東京就應該首度舉辦奧運，但卻因為戰爭而中止，直到 24 年後的 1964 年 10 月 10 日，東京才終於如願舉辦了奧運，之後日本政府在 1966 年將東京奧運開幕的 10 月 10 日訂為國定假日體育之日，藉此宣導振興體育。2000 年，日本政府修改國定假日制度，依據快樂星期一政策將體育之日調整為每年 10 月的第二個星期一，之後因為國會議員認為英文 Sports 的意涵較體育二字來得更完整，於是從 2020 年底，體育之日又變成 Sports 之日（スポーツの日）。

　　話說回來，為何 1964 年的東京奧運不是在常見的 7、8 月，而是在 10 月舉辦？原因在於天氣與氣溫。當時的委員會在考量梅雨、颱風、放晴天數之後，才決定選在 10 月舉辦東京奧運，特別是在開幕式的那天，絕對不能下雨呀。

　　除了原體育之日外，10 月 10 日也是大阪燒之日（お好み燒の日），這是大阪燒醬汁廠商 OTAFUKU 訂定的，原因一方面來自大阪燒的模樣很像 10 裡頭的 0，更重要的是他們認為 10 的日文是じゅう（Jyuu），二個 10 擺在一起就是 Jyuu ～ Jyuu ～，這不是很像大阪燒在鐵板上滋～滋～的

聲音嗎？哈哈哈……（OTAFUKU 哪個想的你給我出來，我保證不打死你）

10月/11 眨眼之日（ウィンクの日）

要搞懂為何 10 月 11 日會是眨眼之日，你的腦筋得要靈活一點。首先呢，這個眨眼指的是睜一隻眼、閉一隻眼，接著你要把 10 這個字，順～時針給它轉個 90 度，就先放在那兒，然後再把 11 這個字也給轉個 90 度，順時鐘或逆時針則隨你高興，轉好之後，把二個字併在一起看，你就會看到有一對眉毛，下面則是一隻眼睛睜開、一隻眼睛閉著，正在對你眨眼呢，好的，這就是眨眼之日，也叫做 10 月眨眼（October Wink）。

在日本的國中與高中女生之間流傳這樣的一個說法：在眨眼之日這天一起床的瞬間，依照心上人姓名筆劃數來眨眼睛，就能把自己的心意傳達給對方，但我想這個在講中文的地方應該行不通，萬一對方名叫龔龍隆、歐陽龘龘之類的，可能會眨眼眨到中風。

10月/12 豆漿之日（豆乳の日）

日本豆乳協會在 2008 年將 10 月 12 日訂為豆漿之日，因為豆漿的日文豆乳（とうにゅう，Tounyu）與數字 10、2 諧音，選擇 12 日是可以理解的，那麼 10 月又代表什麼意思

呢？原來 10 月分有國定假日的體育之日，而當年日本豆乳協會又正在推行運動之後應該喝杯豆漿的觀念，所以才會訂在 10 月。

10月/13 搬家之日（引っ越しの日）

　　試問全日本有哪個人搬家，會比天皇搬家來得更重要呢？更何況還是睽違千年的搬家。日本天皇在歷史上搬了不少次家，但在第五十代桓武天皇於西元 794 年遷都平安京、也就是京都之後，歷代天皇都沒搬過家，接著經過了一千多年，來到第一二二代明治天皇當家。

　　上位不久的明治天皇，在考量天下大勢與京都、大阪的發展條件之後，決定到剛從江戶改名的東京看看，於是在 1868 年陰曆 9 月 20 日這天，一行 3,300 人浩浩蕩蕩從京都出發，之後在陰曆 10 月 13 日抵達東京，因此日本的搬家專門協同組合連合會就在 1989 年將這一天訂為搬家之日。但是嚴格來講，明治天皇這次來東京並不能算真的搬家，只能說是先來看看房子和環境吧？因為他在陰曆 12 月 8 日就離開東京返回京都，接著在隔年陰曆 3 月 28 日才再次進入東京並正式定居下來。

10月/14 鐵道之日（鉄道の日）

　　早在 1922 年（大正 11 年），當時日本政府的鐵道省（意即鐵路部）就將 10 月 14 日訂為鐵道紀念日（鉄道記念日），因為在 50 年前的 1872 年（明治 5 年）10 月 14 日這天，日本第一條鐵路正式開通。

　　這條連結東京新橋車站與橫濱車站的鐵路，原本打算要在 10 月 9 日舉辦通車典禮，但因遇到暴風雨而順延至 14 日。在正式通車典禮上，明治天皇偕同皇戚與眾大臣，加上美、英、法、義、俄等諸國大使，一行人從新橋車站搭乘火車到橫濱，然後再原路回來，時速只有 32.8 公里。當時這火車分為上中下三等車廂，最便宜的下等車廂票價為 37 錢 5 厘，在當年已經可以買十公斤的白米，算是相當昂貴。

　　歷經一百多年後，日本的鐵道早已民營化，1994 年日本政府運輸省（現在的國土交通部）希望去除鐵道紀念日所具有的官方色彩，就在這一年將鐵道紀念日改為鐵道之日，成為全體鐵道業者與國民共同的節日。

10月/15 香菇之日（きのこの日）

　　1995 年，日本特用林產振興會將 10 月 15 日訂為香菇之日，因為 10 月進入食慾之秋，香菇的需求量大增，大家也都會在這個月上山採天然香菇，這還有個專有名詞叫做き

のこ狩り（Kinokokari），因此振興會就挑選 10 月正中間的 15 日作為香菇之日。

在所有的香菇之中，日本原產的松茸被視為最高極品，這種特別的菇類大多生長於松樹之下，名稱也由此而來，但近來由於松樹急速減少，使得日本松茸在 2020 年 7 月被國際自然保護聯盟宣布為瀕危物種，而同樣瀕臨滅絕危機的，還有本書作者的良心。

10月 16 鮪魚肚肉之日（トロの日）

日本的迴轉壽司是元祿壽司在 1958 年發明的，經過半世紀後，現在日本的迴轉壽司四大天王分別是壽司郎、藏壽司、はま（Hama）壽司，以及河童壽司，其中的河童壽司將每個月的 16 日訂為鮪魚肚肉之日，因為鮪魚肚肉是他們家引以為傲的人氣食材，而且鮪魚肚肉的日文トロ（Toro）與數字 10、6 諧音。

位於鮪魚腹部的鮪魚肚肉有油脂含量最多的大鮪魚肚，以及含量次之的中鮪魚肚，是壽司店裡的高級食材，價錢比一般的鮪魚紅肉高出許多，但有趣的是江戶時代的人們習慣吃白肉魚，極不喜歡這種油脂太多的魚肉，因此當時的鮪魚肚肉不但會被丟棄，人們還將鮪魚肚肉稱為貓跨ぎ（Nekotamagi），意思是連愛吃魚的貓咪都會跨越過去而不屑一顧，之後隨著西風東漸，日本人受洋食影響而越來越能接受油脂，甚至轉而追求油脂較多的食材，鮪魚肚肉的身價

也就跟著水漲船高。

10月/17 神嘗祭（神嘗祭）

位居全日本八萬神社最頂點的伊勢神宮，一年當中最重
要的祭典就是神嘗祭。自古以來，每年到了陰曆 9 月 17 日
這天，伊勢神宮就會代表天皇將當年剛收穫的初穗新穀獻
給神宮祭祀的日本皇祖神：天照大神與天地眾神祇，以祈求
五穀豐登、國泰民安。1873 年，明治天皇將曆法從陰曆改
為陽曆，神嘗祭也被直接從陰曆 9 月 17 日改成陽曆 9 月 17
日，但是有個小問題⋯⋯這時候的稻子還沒成熟啊！因此從
1879 年起，神嘗祭被延後一個月到 10 月 17 日舉辦，這就
是現在 10 月 17 日神嘗祭的由來。

10月/18 迷你裙之日（ミニスカートの日）

每年到了這天，日本網路社群就會出現一大堆迷你裙的
美圖和美照。自古以來裙子就有長有短，而迷你裙的概念與
名稱則是出現在 1960 年代，並在 1965 年引爆全世界的流行
熱潮，但 10 月 18 日會成為迷你裙之日的原因，則與半世紀
前的一位超級名模有關。

1949 年於英國出生的崔姬（Twiggy），被譽為全世界第
一位超級名模，雖然身高僅有 165 公分，但在 1966 年出道

後就迅速擁有世界名模的地位，以及迷你裙女王的稱號。為了拍攝森永製菓的廣告，年僅 19 歲的崔姬在 1967 年 10 月 18 日抵達日本東京羽田機場，之後以三週時間分別造訪東京、名古屋、大阪和京都，在全日本颳起崔姬旋風，更讓年輕女生們紛紛仿效崔姬開始穿起迷你裙，因此迷你裙之日就是崔姬首次抵達日本的那一天，謝謝妳！崔姬！

10月/19 大拍賣之日（バーゲンの日）

在我們生活之中充斥著各式各樣的戰場，像是哄小孩睡覺、幫貓咪洗澡、大麥克買一送一，以及賣場大拍賣。據說日本最初的大拍賣，是位於東京的大丸吳服店在 1895 年（明治 28 年）10 月 19 日所舉辦的冬季大拍賣，因此這天就成為大拍賣之日。大丸吳服店具有非常悠久的歷史，創立於江戶時代的 1717 年，並在 1912 年轉型為百貨公司，一直到今天，日本的各大城市依然都有大丸百貨。（另有一說三越在 1923 年 8 月 5 日舉辦的拍賣，才是日本的首次百貨公司大拍賣）

10月/20 頭髮之日（頭髮の日）

（警語：本文涉及殘忍的頭髮議題，請禿頭者自行斟酌閱讀）為了推廣頭髮與頭皮的相關知識，日本毛髮科學協會

在 1977 年將 10 月 20 日訂為頭髮之日，原因來自頭髮的日文とうはつ（Touhatsu）與數字 10、20 諧音，也正因為這樣的諧音，全日本刷子工業協同組合同樣將這天訂為髮梳之日（ヘアブラシの日），而且更進一步把整個 10 月都訂為頭髮保養月，當然，沒有頭髮的人就不用保養。（編輯：想打作者的人請來這裡領號碼牌，謝謝）

根據網路資料，日本的百年公司行號約有二萬七千家，是全世界最多的，其中更有五千多家擁有超過 200 年歷史，而 10 月 20 日也是老舖之日（老舖の日），這日子是怎麼來的？原來日本的生意之神就是我們在前面談過的惠比壽，原本在陰曆 10 月時，日本各地的八百萬神全都得到出雲（島根縣）參加神議，因此 10 月也叫做神無月，但惠比壽負責留守看家不用去，所以關東的商家就在每年的陰曆 10 月 20 日（關西則多在 1 月 10 日）舉辦惠比壽的祭典，感謝祂的辛勞並祈願商售繁盛。

10月／21　光明之日（あかりの日）

日本電氣協會、日本電球工業會（電球就是燈泡）與照明學會，一起在 1981 年將 10 月 21 日訂為光明之日，因為在一百多年前的 1879 年 10 月 21 日這天，33 歲的美國發明家湯瑪士・愛迪生發明了真正具實用性的燈泡。

相較於之前其他發明者的燈泡都亮不過 1 分鐘，愛迪生發明的這顆燈泡足足亮了 40 小時，之後他偶然使用隨手拿

來的中國扇子竹扇骨來做鎢絲，竟然可以點亮 200 小時，於是他派遣二十個人在世界各地搜尋最棒的竹子，最後他所找到的答案，就是生長在日本京都石清水八幡宮境內的真竹。愛迪生在 1880 年（明治 13 年）使用八幡真竹所做的鎢絲，竟然可以點亮 1,200 小時，於是接下來的十年，愛迪生都拿八幡真竹來製作燈泡，現在的石清水八幡宮內，還有當年愛迪生八幡真竹鎢絲燈泡的複製品。

10月/22 動畫之日（アニメの日）

　　史上首部彩色電影動畫長片是 1937 年迪士尼製作的《白雪公主》，而日本第一部彩色動畫電影長片《白蛇傳》則在 1958 年 10 月 22 日上映，由東映動畫製作，取材來自中國民間故事，當時有一位高三學生看了電影深受感動，決心加入動畫界，於是大學一畢業就加入東映動畫，這位學生的名字叫做宮崎駿。《白蛇傳》上映後 39 年後，宮崎駿在 1997 年製作電影《魔法公主》時，特地邀請當年為《白蛇傳》男主角許仙配音、已經高齡 85 歲的森繁久彌，來為影片中的乙事主獻聲。

　　2017 年，為了慶祝日本動畫 100 週年（日本最早的國產動畫電影出現於 1917 年 1 月，片名叫做《凸坊新畫帖 芋助豬狩之卷》），日本動畫協會將《白蛇傳》上映的 10 月 22 日訂為動畫之日。

10月 23 化學之日（化学の日）

　　日本化學工業協會、日本化學會等四個團體，共同在 2013 年將 10 月 23 日訂為化學之日，至於原因呢，我們得先小小地上一下化學課。大家聽過亞佛加厥常數嗎？沒聽過？不知道？沒關係，我也一樣。在化學的世界裡，莫耳（mol）是物質量的基本單位，而所謂亞佛加厥常數就是指在 1 莫耳之內含有多少的組成粒子數（例如原子或是分子），這個數值是「6.02×10^{23}」，嗯，你有看到 10 的 23 次方嗎？對，化學之日就是這麼來的，有沒有覺得粉開心啊？（背景歌曲：哭笑不得）

10月 24 天女之日（天女の日）

　　所謂的天女，就是住在天界的千年一遇偶像級青春無敵美少女，她們很喜歡下凡來玩，還很喜歡在深山荒嶺裡玩野外露出、不，沐浴淨身，然後羽衣就會被偷窺的不肖男子偷走，回不了天界，最後只好嫁給不肖男子。（咦？所以這是不肖男子的勵志文嗎？）

　　日本許多地方都有流傳天女傳說，多到都可以開高峰會了，在 2014 年，福島縣川俣町、滋賀縣長濱市、京都府京丹後市、大阪府高石長市、沖繩縣宜野灣市、鳥取縣倉吉市、鳥取縣湯梨濱町等七個各自擁有天女傳說的地區，共同召開

了第一屆天女高峰會，2016 年舉辦第二屆時，他們將 10 月 24 日訂為天女之日，因為日文的天（てん，Ten）與英文的 10（Ten）發音相同，而日文的女（にょ，Nyo）二個字拆開則各為日文數字 2 與 4 的諧音。

日本的天女出沒之處不只這七個地方，例如靜岡縣的靜岡市，千葉縣的千葉市與佐倉市，大阪府的交野市，也都有天女的傳說，喔，對了，當然還有《勇者義彥》裡的巨乳天女。（編輯：喂，又歪樓囉）（義彥：勇者喜歡巨乳有什麼錯！）

10月/25 空手道之日（空手の日）

周星馳 1994 年主演的電影《破壞之王》，讓大家對空手道產生深刻的印象，每個人都聽過空手道斷水流大師兄，但你知道他的名字叫什麼嗎？喔，他姓段，全名是段水流。（這是真的）

空手道是源自琉球王國沖繩的一項武技，因為受到中國拳術的影響，所以在明治時代初期被叫做唐手（トゥーディー，Tou-Dei-），日本占領琉球王國之後，將唐手改稱為同字的日文發音からて（Karate），但因為空的日文也是から（Kara），所以當時是からて、唐手、空手三者混用，然後到了 1936 年（昭和 11 年）10 月 25 日這天，琉球新報主辦了一場空手名家座談會，大家決議以後就只用空手，不用唐手了，空手道的名稱就是這麼來的，因此在 2005 年，沖繩縣議會決議將 10 月 25 日訂為空手道之日。

十月

神無月

除了空手道外，在 1951 年 10 月 25 日清晨 7 點 43 分，日本戰後第一家民營航空公司：日本航空的飛機木星號，搭載 36 名乘客從東京羽田機場起飛前往大阪，開始提供正式航班服務，讓這天也成為民間航空紀念日（民間航空記念日），當時日本航空總共擁有五架美國馬丁公司生產的螺旋槳客機，並以太陽系行星分別將其命名為水星、金星、火星、木星與土星。

10月/26 核能之日（原子力の日）

1956 年 10 月 26 日，日本加入國際原子能機構，巧合的是在 1963 年 10 月 26 日這天，位於茨城縣東海村的日本國產第一號核能反應爐開始運作供電，因此日本政府就在 1964 年將 10 月 26 日訂為核能之日。

但如同大家所知道的，社會大眾對於核能一直抱有正反二種意見，反核人士心想：哼！既然你把這天訂為核能之日，那我也在同一天反對你！於是從 1975 年起，10 月 26 日除了是核能之日，同時也是反核能日（反原子力デー）。

10月/27 讀書之日（読書の日）

10 月 27 日是讀書之日，因為這天是讀書週的第一天，而講到讀書週，就得從 1924 年（大正 13 年）講起。日本圖

書館協會為了推廣國民運用圖書館的習慣，在這一年將 11 月 17 日到 23 日訂為圖書週，之後在 1933 年改稱為圖書館週，但在 1939 年因二戰而中止。

二戰結束後的 1947 年，在日本圖書館協會與文化界人士的努力下，圖書館週再度復活，而名稱也更改為讀書週，這一年的活動非常成功，讓大家覺得只辦一週實在太可惜了，於是從 1948 年起，讀書週變成從 10 月 27 日一路舉辦到 11 月 9 日，並一直延續到今天，此外 10 月 27 日同時也是文字‧活字文化之日（文字‧活字文化の日）。網路上許多人在註記讀書之日時，同時也會加註這是讀書之秋，讓人覺得將讀書之日訂在秋天，真好。

10月/28 速記之日（速記の日）

田鎖綱紀出生於 1854 年，長大後在工作中向美國技師學會了速記，並發展出日文的速記法，開創日文速記之先。1882 年（明治 15 年）10 月 28 日，29 歲的田鎖綱紀在東京日本橋舉辦了第一屆日本旁聽筆記法講習會，為他博得廣大名聲與眾多弟子，之後這天不但成為速記之日，田鎖綱紀還被日本首任總理伊藤博文稱做電筆將軍，電筆二字是「下筆如電」的意思。

10月/29 擦手巾之日（おしぼりの日）

我們上餐廳吃館子，唱卡拉 OK，或是上酒家（咦?）的時候，才剛坐下來，店家就會先奉上「喔西玻哩」，也就是捲成條狀封在小透明塑膠袋裡，或是放在小碟子上的白色擦手巾，它的日文就是おしぼり（Oshibori），漢字則寫做御絞り。

2004 年，日本的全國擦手巾協同組合連合會將 10 月 29 日訂為擦手巾之日，猜得到原因的人真的很厲害喔！我們先講為何是 29 日，這來自擦拭的日文拭く（Fuku）剛好與數字 2、9 諧音，那麼 10 月的意思是？一來 10 的英文 Ten 跟日文的手（Te）有諧音，與 29 放在一起就有擦手的意思，至於另一個比喻……啊就是十根手指頭啊……。

10月/30 初戀之日（初恋の日）

在古早古早以前，並沒有初戀這個說法，這個詞是在近代才被許多人努力「推廣」出來的，其中一人就是島崎藤村。

1896 年（明治 29 年）10 月 30 日，25 歲的島崎藤村在文藝雜誌《文學界》發表新詩〈初戀〉，讓這天成為初戀之日，島崎藤村在這首詩的前幾句寫道：「在蘋果樹下，看見初次挽起前髮的妳，我覺得妳彷彿是那髮簪上的花朵。妳溫柔地伸出雪白的手，把蘋果遞給了我，我的初戀，就從這顆

淡紅色的秋之果實開始了……」，細膩地刻畫出少年對少女萌生的初戀之心。

10月 31 瓦斯紀念日（ガスの記念日）

蝦米？瓦斯也有紀念日？有個日本節目說，只要對橫濱人講日本的某某東西是從橫濱開始發祥的，橫濱人就會很高興，因為作為解除鎖國之後率先對外開放的門戶，橫濱確實在許多方面都是日本先驅，瓦斯路燈也是其中之一。1972年，日本瓦斯協會將 10 月 31 日訂為瓦斯之日，因為在 100年前的 1872 年（明治 5 年）10 月 31 日這天晚上，橫濱鬧區馬車道上十幾盞的瓦斯路燈首次點亮橫濱的夜空，這就是全日本最早出現的瓦斯路燈。

當時這些瓦斯燈的燈柱是由英國進口，上頭的燈具則由日本職人打造，每到傍晚時刻，名為點消方的點燈伕就會手持長竿點火棒，一盞盞地把燈給點亮。直到今天，橫濱市中心的馬車道路依然保有 81 盞瓦斯路燈，日本各處也都找得到瓦斯路燈的蹤跡，包含位於東京港區的日本瓦斯協會大樓前面。

如果你擁有櫻木花道那般的驚人球技，請別忘了在這天慶祝一下，因為 10 月 31 日也是天才之日（天才の日）！這來自天才的日文てんさい（Tensai）裡頭的てん（Ten）與英文的 10（Ten）同音，さい（Sai）則與數字 3、1 諧音。

11月（霜月）

狗狗之日（犬の日）

　　日本人與狗的淵源相當久遠，早在繩文時代，日本人就與狗狗一起生活，用來打獵或是看家，根據古書《日本書紀》記載，第二十七代安閑天皇在西元 538 年於各地廣設犬養部，派遣專人飼養狗狗來守衛倉庫，而這專門職司養狗人的後代，就以犬養或犬飼作為姓氏，因此人家事實上是養狗的，而不是狗養的，順序不同意義可是差很多呀。目前全日本大約有 270 人以犬養為姓，14,500 人以犬飼為姓。

　　在武士當家的鎌倉幕府期間，武士有三種練習騎馬射箭的競技，稱為騎射三物，分別是流鏑馬、笠懸與犬追物，這個犬追物就是在一個馬場裡，36 人騎馬分為三隊，並在場內放入 150 隻狗，然後呢？就是騎馬射狗，看在時間之內，哪一隊射中的狗比較多（驚！），雖然比賽的箭矢已換成較不具殺傷力的鏑矢或蟇目矢，但應該還是會讓所有愛狗人士覺得不可思議。到了江戶時代，德川幕府第五代將軍德川綱吉篤信儒教仁心，又可能是因為出生於狗年之故，特別鍾情於狗，他在江戶建置占地 30 萬坪、約等於 20 座東京巨蛋面積的御用屋敷，總共收容約 10 萬頭浪浪，而被人們稱為犬公方，也就是狗將軍的意思。

　　日本的寵物食品工業會在 1987 年將 11 月 1 日訂為狗狗之日，原因來自 1 的英文是 One，三個 1 就是 One One One，你試著唸唸看，就知道為何會是狗狗之日了。（好乖！好乖！）

11月/2 絲襪之日（タイツの日）

位於大阪的絲襪廠商 M&M SOCKS 將 11 月 2 日訂為絲襪之日，一方面他們認為 11 月很適合女生穿絲襪來展現魅力（錯！是每個月都適合！），另一方面則因為絲襪是先一隻腳一隻腳織成，然後二足再合為一體，1、1、2 剛好具有這樣的意涵，所以就決定為 11 月 2 日。在這一天，日本網路社群會出現極大量的絲襪圖與絲襪照，讓人目不暇給，而且有一點非常有趣，那就是幾乎都是黑絲襪。

2020 年 11 月 2 日，絲襪廠商 ATSUGI 找來二十餘名繪師，共同在網路社群繪圖慶祝絲襪之日，結果這些繪師所畫的圖……嗯，套句網路的說法，叫作很黃很暴力（千萬不要小看繪師的妄想力啊），逼得廠商趕緊在隔天向大眾賠罪道歉。

11月/3 文化之日（文化の日）

這天之所以會是文化之日，過程實在有點七轉八折。歷經數百年後，出生於 1852 年 11 月 3 日的明治天皇終於從幕府手中奪回實權，帶領日本走向現代化，之後在 1873 年（明治 6 年），日本政府將明治天皇生日定為節日，並仿效中國唐太宗將生日稱做天長節的做法，把這天也叫做天長節。明治天皇去世後，這天變成明治天皇祭、也就是先帝祭，之後大正天皇去世，先帝祭得換人了，明治天皇祭照理此時就得

消失，但因為民眾實在太過感念明治天皇，於是昭和天皇就在 1927 年（昭和 2 年）將他阿公的生日變更為明治節。

二戰結束後的 1947 年，日本實施新憲法，為了彰顯憲法「愛好自由與和平，努力推展文化」的精神，加上新憲法是 1946 年 11 月 3 日公布的，日本政府就在 1948 年將明治節再更改為文化之日。此外這一天有極高的機率會是晴天，因此也被稱為放晴特異日（晴れの特異日）。

11/月 4 炸什錦之日（かき揚げの日）

炸什錦是將干貝絲、小蝦、魷魚、蔬菜裹上麵漿再油炸成塊的日本傳統料理，通常被放在蕎麥麵上或是丼飯上，而 11 月 4 日是炸什錦之日的原因，答案還是在月曆上。日本的全國製麵協同組合連合會將 11 月 11 日與每月的 11 日訂為麵之日，因為 11 的長相很像細細長長的麵條，而在月曆 11 月 11 日的正上方，一定就是 11 月 4 日，就如同在蕎麥麵上頭放了炸什錦一樣，嗯，就是這麼來的。

11 月 4 日可以寫成 1104，而好屁屁的日文いいおしり（Ii oshiri）裡有數字 1、1、0、4 的諧音（0 在這兒要唸成英文的 O），所以這天也是好屁屁之日（いいおしりの日），此外 11 月 12 日也因英文 Hip 的諧音而同樣是好屁屁之日（いいヒップの日），這二天在網路上都有機會看到讓人愉快的屁屁圖，無論是美女的屁屁，或是柯基犬的屁屁。

11月/5 海嘯防災之日（津波防災の日）

　　江戶時代末期的 1854 年陰曆 11 月 5 日下午 4 點半，突如其來的安政南海地震重創了紀伊半島與四國地區，劇烈的震度連遠在中國的上海與嘉定都感受得到，在一陣天搖地動之後，巨大海嘯接著侵襲沿岸各地，8 公尺高的巨浪直衝向紀伊國廣村（和歌山縣有田郡廣川町），當時 35 歲的醬油商人濱口梧陵在一片黑暗中燃燒自己田中的稻草，指引村民前往高處的廣八幡神社避難，拯救了九成的村民（但仍有 30 人罹難），這件事在 1937 年被編為〈稻草之火〉寫入日本小學課本裡。2011 年日本 311 大地震之後，為了提高民眾對海嘯的防災意識，11 月 5 日就被訂為海嘯防災之日。

　　在震災之後，濱口梧陵自費巨資建立堤防，這座被認定為日本遺產的堤防又叫做百世安堵（安堵即安居樂業之意），接著他學習並推廣近代醫學，開辦多所學校，從政，擔任第一代郵局總局長與第一代和歌山縣議會議長，1885 年前往歐美一圓環遊世界的夢想，同年病逝於美國紐約，享年 66 歲。

11月/6 相親紀念日（お見合い記念日）

　　11 月 5 日除了是海嘯防災之日外，同樣也是結緣之日（緣結びの日），原因來自好的緣分日文いいご緣（Ii

Goen）與數字 1、1、5 諧音，而拜過結緣之神後，當然就是去相親啊，不然要幹嘛？1947 年 11 月 6 日星期四，結婚情報雜誌《希望》在東京的多摩川河畔舉辦日本戰後首次大型集團相親聯誼活動，讓因為二戰錯過姻緣的 386 位男女在此交流，現場還真的促成幾對佳偶，因此這天就成為相親紀念日。

日本有一本結婚情報雜誌《Zexy》，最大的特色就是頁數超多，每冊的重量都有四、五公斤，經常被人形容為如果結婚不成的話，還可以拿這本雜誌作為凶器，因此讓許多男子對於女友手中的《Zexy》雜誌感到膽顫心驚，結果在 2017 年一場日本女子摔跤中，《Zexy》還真的被女子摔跤二人組「婚勝軍」當成武器，朝對手的頭給 K 下去，此舉引來《Zexy》的強烈抗議，因此二位選手在事後的記者會中公開道歉謝罪，並且哭著說「我們真的……抱有結婚的夢想……嗚喔喔喔喔喔！～」。

11月/7 好肚肚之日（いいおなかの日）

11 月 7 日可以寫成 1107，數字 11 與日文的好（いい，Ii）諧音，而肚肚的日文叫做おなか（Onaka），有數字 0、7 的諧音（0 在這兒要唸成英文的 O），二者相加就變成了好肚肚，所以日本乳製品業者 Takanashi 乳業就在 2014 年將 11 月 7 日訂為好肚肚之日，希望大家多吃優格，常保肚肚健康，但……誰管他那麼多啊？既然是好肚肚之日，當然就

是要在網路上狂曬各種可愛的、健康的、清涼的、不知羞恥的肚肚圖啊，若考量節日發起者的用意，許多日本網友都認為這是個嚴重走鐘，但是很好我喜歡的典型案例。

因為每年的立冬大多會落在 11 月 7 日，所以日本火鍋高湯製造商 Yamaki 也將這天訂為鍋之日（鍋の日）。當大家在吃火鍋時，有時會出現對於食材放置的順序啦，位置啦，什麼時候撈起來吃等等都專注完美、近乎囉嗦的人，簡直就像時代劇裡的奉行大人一樣，日本就把這樣的傢伙叫做鍋奉行。

11月/8 好牙齒之日（いい歯の日）

我們前面有講到 10 月 8 日是假牙日，不過那是保險醫療團體在 1992 年訂的，那麼真正的牙齒與牙醫呢？1989 年，日本厚生省與日本齒科醫師會共同推動「8020 活動」，希望大家到了 80 歲的時候，仍然保有 20 顆屬於自己的原廠原裝牙齒，為了加強推廣這項概念，日本齒科醫師會在 1993 年將 11 月 8 日訂為好牙齒之日，來自好牙齒的日文いい歯（Ii ha）與數字 1、1、8 諧音。

有個日本網友說，他公司的前輩特地挑選在好牙齒之日這天舉辦喝白酒大會，因為白酒比較不會讓牙齒染色，「不管喝多少，牙齒還是好棒棒喔！」喝得亂七八糟的前輩是這麼說的，然後這位前輩就在回家的路上跌了一跤，把門牙給摔斷了。

珍珠奶茶之日（タピオカの日）

台灣的珍珠奶茶於 2018 年到 2019 年間在日本引爆熱潮，其實這是第三次日本珍珠奶茶熱潮，第一次發生在 1990 年代後半到 2002 年左右，第二次則是 2008 年。

在第一次熱潮的 2002 年 11 月，安曇野食品工房株式會社發售全日本第一款冷藏瓶裝珍珠奶茶，取名為 QQ Drink，暱稱 Q-Pon，因為商品名稱有個 Q 字，他們就根據 Q 與日文數字 9（きゅう，Kyuu）諧音，在 2015 年將 11 月 9 日訂為珍珠奶茶之日，但他們現在的商品已經不叫 QQ，而是珍珠奶茶的日文タピオカ（Tapioka）。

日本的消防廳在 1987 年也將 11 月 9 日訂為 119 之日，這理由當然不用多說，但倒是可以談談為何發生火災時要撥的號碼是 119。日本最初的火災緊急電話是 1430，後來在 1926 年 1 月 20 日設定為 112，接著又在一年九個月後更改為 119，有人說當初設定為 112，是因為這對當時的撥盤式電話而言是最快撥通的號碼，但也經常發生誤撥，所以就改成很後面的 9，希望撥打的人可以冷靜下來，但事實上應該是當年的電話自動交換系統還不穩定，容易誤判訊號而產生錯誤接通，所以才變更為 119。

十一月
霜月

11月／10 電梯之日（エレベーターの日）

我們前面講過日本最早的電扶梯出現於 1914 年（大正 3 年），但日本最早的乘客用電梯則在 1890 年（明治 23 年）就出現了。這一年的 11 月 10 日，東京淺草的全新高層建築：12 層樓的凌雲閣，裝設了二台日本最初的電動乘客電梯，因此日本電梯協會就在 1979 年將這天訂為電梯之日。

但凌雲閣的電梯在裝設半年後，就因時常故障而暫停運作，導致凌雲閣遊客遽減，為了挽救生意，凌雲閣舉辦了日本史上第一場選美活動「東京百美人」：他們找來上百位東京花街美女藝妓拍照，然後把照片貼在各樓層，再請遊客爬樓梯逐層觀賞並至頂樓投票，在強大獸性、不，人性的感召下，果然吸引到眾多男性遊客，成功度過危機，只可惜凌雲閣在 1923 年 9 月 1 日的關東大地震中嚴重毀損，之後於 9 月 23 日拆除。

除了電梯之日外，日本廁所協會（蝦米！連這都有？）在 1986 年將這天訂為廁所之日（トイレの日），這來自好廁所的日文いいトイレ（Ii Toire）裡頭有數字 1、1、10 的諧音。

11月／11 電池之日（電池の日）

11 月 11 日原本就有許多梗，像是大家熟悉的光棍節或薯條日等等，但為何會是電池之日呢？ 1987 年，日本乾電

池工業會決定將 11 月 11 日訂為電池之日，之所以選擇這一天，並非因為有什麼特別的歷史典故或日文諧音，與皮卡丘更是一點關係也沒有（廢話），而是來自一個超級特別、但是任何人看過之後都會無比認同的理由：11 這個阿拉伯數字，轉換成中文漢字的話就是十一，想到了嗎？是的！就是電池上一定會有的＋（正極）與－（負極）！因此拿這天來作為電池之日，真可說是實至名歸，十一月十一日！就決定是你了！

此外，11 月 11 日也是江崎固力果的巧克力棒零食 Pocky 之日（ポッキーの日）喔！宅男最大的夢想之一，就是美少女手拿 Pocky 巧克力棒對著你說「啊～嗯」（用嘴巴含著也可以啦）（編輯：喂！），所以這天日本網路社群上還是會以 Pocky 相關的圖片為主，因為沒人會想要美少女拿著電池對你說「啊～嗯」。

11月／12 洋服紀念日（洋服記念日）

1972 年，全日本洋服協同組合連合會將 11 月 12 日訂為洋服紀念日，這是因為剛好就在一百年前，日本發生一件重要的事。

江戶時代，幕府禁止民眾穿著異國服裝，但是明治天皇可不這麼想，才上任沒幾年，他就召集眾大臣開會，一起討論日本接下來的服裝政策，外務卿副島種臣主張「昔日戰國七雄的趙國就是穿上胡服，才得以征服胡人啊」，因此日本

政府就在 1872 年（明治 5 年）陰曆 11 月 12 日頒布太政官布告 339 號令，將官方的標準禮服從和服改為洋服，從此帶動民眾改穿洋服的風潮，這才有百年之後日本洋服業的榮景，洋服紀念日就是這麼來的。

11月/13 漆之日（うるしの日）

除了實用之外，日本的漆器與蒔繪也具有極高的藝術價值，日本漆工藝協會在 1985 年將 11 月 13 日訂為漆之日，因為據說在一千多年前的平安時代，第五十五代文德天皇的第一皇子惟喬親王曾前往京都嵐山虛空藏法輪寺閉關參拜，在閉關期滿的晚上，他夢見法輪寺所供奉的虛空藏菩薩，在夢中傳授他睡夢羅漢拳、不，漆器的製法與塗法，才讓日本的漆工藝能臻於完美，而這天正是陰曆 11 月 13 日。自此之後，虛空藏菩薩被視為日本漆工藝的守護佛，虛空藏法輪寺現在每年 11 月 13 日也會舉行漆祭。

11月/14 柏青哥之日（パチンコの日）

你知道全日本總共有近一萬家的柏青哥店，而且每年產業總產值高達 20 兆日圓嗎？據說柏青哥是在 1925 年出現於大阪，其名稱來自當時就把彈珠台叫做パチンコ（Pachinko），パチン（Pachin）是小鋼珠彈動時的擬聲詞。

　　1966 年 11 月 14 日，日本的柏青哥業者組成的全國遊技業協同組合連合會獲得日本政府認可成立，之後在 1979 年時，他們想訂個柏青哥之日，原本想用打小鋼珠時パチン〜パチン〜的諧音將 8 月 8 日訂為柏青哥之日，但 2 月與 8 月是日本傳統的淡季，日文稱這叫做二八，2 月是因為之前聖誕節、新年等活動，讓消費者花費太多，以致 2 月沒錢可花，8 月則是因為天氣太熱，消費者懶得出門，所以他們想想，還是選擇上述的 11 月 14 日作為柏青哥之日吧。

11月/15 七五三（七五三）

　　日本有個習俗叫做七五三，也就是在 11 月 15 日這天，父母會將家裡 7 歲（女孩）、5 歲（男孩）、3 歲（男女孩）的小孩精心打扮，帶到地方的寺院神社參拜，感恩神佛保佑，同時祈願小孩健康長大，一般認為這是起源於 1681 年陰曆 11 月 15 日這天，第五代將軍德川綱吉為長子德松所進行的祈福，但為何是 11 月 15 日呢？在滿天的星宿中有二十八宿，對應到曆法上，陰曆的每月 15 日就是鬼宿日，亦即「鬼不會跑出來之日」，是除了結婚以外諸事大吉的好日子，加上 11 月也是秋穀豐收感謝地方神明的月分，11 月 15 日就是這麼來的，但是在明治改曆之後，七五三也從陰曆 11 月 15 日直接變成陽曆 11 月 15 日。

16 幼稚園開園之日（幼稚園開園の日）

　　距今一百多年前的 1876 年（明治 9 年）11 月 16 日，日本最早的幼稚園：東京女子師範學校附屬幼稚園誕生，幼稚園開園之日就是這麼來的，但一百多年前的幼稚園是什麼樣的光景呢？

　　這間幼稚園的首席保姆是 24 歲的德國女子松野克拉拉，她同時也是第一位嫁給日本人的德國女子，而克拉拉小姐的得力助手，則是日本的第 1 號保姆：豐田芙雄，以及另外三位保姆。在開園當天，總共有 75 位男女童前往報到，因為收費非常高昂，因此這些小朋友各個出身非富即貴，許多人不但搭著馬車或人力車上下學，在園內還有女傭陪伴，但這幼稚園的上課內容則跟現在差不了很多：在遊戲室唱歌，到教室上課，到室外遊玩，接著玩積木、做體操，吃個午飯再玩一下，然後就乖乖回家了。

　　對了，這間幼稚園到現在還在喔，也就是御茶水女子大學附屬幼稚園，如果你是女生，就有機會一路從御茶水女子大學附屬幼稚園、御茶水女子大學附屬小學、御茶水女子大學附屬中學、御茶水女子大學附屬高中，一路念到御茶水女子大學，這樣的話你就會被人尊稱為茶泡飯（お茶漬け，Ochazuke）。雖然名字中有女子二字，但御茶水只有高中與大學是女校，而且高中還是全日本最難考上的女校，每學年只招收 120 名學生。

11月/**17** 將棋之日（将棋の日）

日本有二種職業棋士，一種是圍棋，另一種就是將棋。1612 年，熱愛下棋的德川家康賜予二位棋士俸祿，一位是本因坊算砂，他就是圍棋本因坊的第一代名人，另一位大橋宗桂則是將棋的第一代名人，他的將棋在日後分為家元三家，分別是大橋家、大橋分家與伊藤家，這三家自 1680 年起，每年都會到江戶城的將軍御前對局，叫做御城將棋。經過多年，德川幕府第八代將軍德川吉宗上任，這位時代劇裡鼎鼎大名的暴坊將軍在 1716 年的時候，將御城將棋的日期固定為每年的陰曆 11 月 17 日，因此日本將棋連盟就在 1975 年將 11 月 17 日訂為將棋之日。

11月/**18** 土木之日（土木の日）

以電影《你的名字》聲名大噪的動畫導演新海誠，曾幫日本的大成建設製作電視廣告，廣告的最後一幕寫道「會留在地圖上的工作」，土木建築工程就是這樣建構出我們的世界。日本土木工業協會與土木學會，共同在 1987 年將 11 月 18 日訂為土木之日，其緣由倒是挺可愛的：土這個字可以拆成十和一，木這個字則可以拆成十和八，所以 11 月 18 日就是一年之中最適合土木工程業的日子。事實上土木學會的前身：工學會，也是在 1879 年（明治 12 年）的 11 月 18 日

這天成立的。

11月/19 好熟女之日（いい熟女の日）

日文的 19 可以唸做じゅうく（Jyuuku），熟女則唸作じゅくじょ（Jyukujo），因此把 11 月 19 日訂為好熟女之日是很合邏輯也說得通的，問題是誰會想到要搞個好熟女之日啊？哈，當然是日本的 AV 業者啊，每到這天，日本的 AV 業者就會大肆舉辦熟女、人妻主題影片與女優的宣傳促銷活動，而說到人妻，我就想起佐佐木明希、呃、不，想起勇者義彥曾說過的一句話：「只會做速食咖哩飯，即使嫁人也稱不上人妻」，在此與天下所有的人妻共勉之。

好啦，不想慶祝好熟女之日的人，你也可以選擇在這天慶祝一下世界廁所日，或是世界哲學日。

11月/20 好大腿之日（いい太ももの日）

11 月真是個很歡（糟）樂（糕）的月分，才剛講完熟女人妻，接下來又要講大腿，請大家千萬不要認為我有什麼奇怪特殊的興趣嗜好啊，要怪就去怪日本人啊（喂！）日文的大腿叫做太股（ふともも，Futomomo），與日文的 2、10 諧音，再加上 11 等於好的（いい，Ii），所以就成為好大腿之日了，這天在日本網路社群上也是四處大腿橫陳，是腿控專屬的歡

樂好日子。

炸雞之日（フライドチキンの日）

十一月 霜月

　　我們前面講到日本麥當勞將他們 1971 年開幕的 7 月 20 日訂為漢堡之日，那麼肯德基怎麼可以落於人後？更何況肯德基比麥當勞還更早進入日本呢。早在 1970 年 3 月，肯德基就在大阪萬國博覽會中開了試賣店，之後肯德基的日本 1 號店就在同年 11 月 21 日於名古屋西區開幕（雖然這家店半年後就關了），因此這天就成為炸雞之日。

　　日本人有在聖誕節吃肯德基的習慣，這是因為肯德基在東京的首家門市：青山店開幕之後，許多住在青山的外國人在聖誕時節跑來買炸雞，他們說因為買不到火雞，乾脆就買炸雞來慶祝聖誕節吧！受此啟發的日本肯德基，就從 1974 年起推出「聖誕節就是肯德基」活動，讓日本民眾將聖誕節與肯德基牢牢結合在一起，也是從這一年開始，日本肯德基每年 6 月都會在大阪的住吉大社、東京的東伏見稻荷神社舉辦 Chicken 感謝祭，請神官為雞隻祈福，感謝所有雞隻的犧牲奉獻，因為根據資料，日本肯德基一年會賣出相當於 2,200 萬隻雞的二億塊炸雞。

11月／22　木工之日（大工さんの日）

日本把專門建造、修理木造建築物的職人稱為大工（だいく，Daiku），日本建築大工技能士協會在 1999 年將 11 月 22 日訂為木工之日，原因是日本將 11 月訂為技能尊重月，這來自於 11 的漢字「十一」可以拼成一個「士」字，但接下來我們就得發揮一點想像力：我們必須把 11 月 22 日寫成 11 二二，11 代表房子的立柱，二二則代表房子的地基與橫樑，木工之日就是這麼來的。根據資料，即使到了今天，日本的新建住宅仍有約半數是木造的。

除了木工之日外，因為日文的好夫婦（いいふうふ，Ii fuufu）與數字 1、1、2、2 諧音，所以這天也是好夫婦之日（いい夫婦の日）。

11月／23　勤勞感謝之日（勤労感謝の日）

古代日本每年都會有幾個例行大祭典，像是我們前面談到的神嘗祭，以及現在要說的新嘗祭。早在第十六代仁德天皇之時，就已有新嘗一詞，新嘗祭是日本皇宮最重要的祭典，新天皇登基之後首次舉辦的新嘗祭，更被稱為大嘗祭。每年秋天五穀豐收之際，天皇就在宮內舉辦祭典，將當年收成的新穀獻給天地神祇，感謝神明賜予糧食，而稻穀都是接受日照才能成長，所以天皇還會透過自己食用新穀，來讓祖

先天照大神的靈威附體。

　　自古以來，新嘗祭都在陰曆 11 月的第二個卯之日舉辦，明治改曆之後，新嘗祭從 1873 年起固定在 11 月 23 日舉行並成為國定假日，但是二戰結束後，駐日盟軍總司令部（GHQ）推動削減日本國家神道色彩的政策，新嘗祭的感謝對象就從天地神明變成所有辛勤工作努力生產的百姓，於是自 1948 年起，國定假日新嘗祭被更改成勤勞感謝之日，但天皇與日本的神社還是會在這天舉行新嘗祭。

柴魚之日（鰹節の日）

　　日本的傳統飲食被稱做和食，日本的民間團體：和食文化國民會議將 11 月 24 日訂為和食之日，原因來自好日本食的日文いい日本食（いいにほんしょく，Ii nihon syoku）裡有數字 1、1、2、4 的諧音，而講到和食，怎麼可以少了柴魚呢？

　　日本料理的獨特風味源自和式高湯，而最常使用也是最基本的高湯原料就是昆布與柴魚，在章魚燒與日式炒麵上更少不了鮮活躍動的柴魚片。柴魚的日文叫做鰹節（かつおぶし，Katsuobushi），這來自日本把煮熟後極度乾燥到硬梆梆的魚肉叫做節（ふし，Fushi），因此日本最大的柴魚製造商 Yamaki 株式會社同樣也將 11 月 24 日訂為柴魚之日，因為好柴魚的日文いい節（いいふし，Ii fushi）與數字 1、1、2、4 諧音。

OL 之日（OL の日）

　　OL（Office Lady）是日本人自己發明的英文詞彙，但大家有想過為何會出現這個詞嗎？（讀者：沒有耶，因為我們沒像你這麼無聊）

　　日本女生從大正時代開始進入職場，當時被稱做職業婦人，到了昭和時代中期則被叫做 BG（Business Girl），而且跟擲骰子一點關係也沒有（廢話）。在東京首次舉辦奧運前一年的 1963 年，一群有志之士認為奧運會把許多外國人帶進日本，萬一他們把 BG 誤會為 Bar Girl、以為日本滿街的女生都是在賣的，那實在很糟糕啊（其實是想太多了，英文根本沒有 Bar Girl 這個詞），BG 就此成為禁語，於是週刊雜誌《女性自身》舉辦公開徵名活動，讓大家一起來為新時代的工作女性想個新名稱，最後在總票數 26,481 票中，Office Lady 以 4,256 票勇奪第一，僅以 67 票之差擊敗第二名 Office Girl（有一說因為編輯長不想讓女生們被叫做 Girl，所以私下作票），這個結果公布於 1963 年 11 月 25 日出版的雜誌中，這天也就成為 OL 之日，嘛，感覺是比 OG 要好一點。

　　順帶一提，從古至今，日本真正的特種場所女子也不能說完全與 Business 無關，因為她們被稱為是做水買賣（水商売）的，這並不是說特種場所女子都很⋯⋯水（咦？），而是指生意像流水一樣難以捉摸，看天看人臉色吃飯、收入不穩定的意思。

11月/26　好泡澡之日（いい風呂の日）

日本人出外旅遊就是泡湯，在家裡則是泡澡，而泡澡時少不了的就是入浴劑，因此日本浴用劑工業會就將 11 月 26 日訂為好泡澡之日，一方面此時天氣正冷，泡起澡來超爽 der，另一方面則因為 11 的發音與いい（好的）相同，2、6 的發音又與洗澡用的風呂（ふろ，Furo）相同。日文的風呂，指的是泡熱水澡用的浴盆、浴缸、浴池，但這詞是怎麼來的？在很古早的時候，日本人洗澡是用蒸的，也就是三溫暖啦，為了防止蒸氣散逸，所以得在小房間裡洗，小房間就是室（むろ，Muro），據說風呂就是從這個發音演變而來。

說到泡澡，我們就不得不提普天之下最適合泡澡的人物，也就是《哆啦 A 夢》裡的靜香。透過野比大雄先生令人羨慕、呃、不，髮指的犯罪行為，使得源靜香小姐成為許多人的啟蒙教材，根據官方資料，我們這位靜香小姐每天一定要洗三次澡（編輯：啊你浴室系的膩？），所以俗話才會說「澡洗多了，總會遇到大雄的」。（編輯：哪來這種鬼話啊？）

11月/27　組合家具之日（組立家具の日）

一直到 1994 年，IKEA 才在台灣出現，但是在此之前，大家並不是就沒有組合家具可以玩喔！當時一般人家很常見的組合家具，一種是組合式的塑膠布衣櫃，另一種則是簡易

組合櫃，而這簡易組合櫃的源頭，竟然可以追溯至 1970 年。

　　日本早年的櫃子都用實木打造，不但頗為笨重，顏色也只有木頭色，某天株式會社 Kuroshio 社長深谷政男在逛大阪的百貨公司時，看到五顏六色的塑膠箱，他心想「啊！如果櫃子也能像這樣紅紅綠綠的就好了」，於是他就與廠商合作，將色紙貼在三夾板上，發明出質輕多彩的三層組合櫃，但他們在推銷給家具店與量販店時，大家卻是興趣缺缺，直到有天他們在公司大廳與家具商進行洽談，路過的幾位女生看到組合櫃樣品，驚呼「卡哇伊！～好漂亮～」，這名為 Color Box 的組合櫃就賣出去了，而且還是超級大熱賣，並在全世界創造風潮，因此株式會社 Kuroshio 就在 2016 年將深谷政男的生日 11 月 27 日訂為組合家具之日。

11月/28 過膝襪之日（いいニーハイの日）

　　日本人說的絕對領域，指的是女生在迷你裙與過膝襪之間，所露出的一小截鮮嫩多汁大腿（肯德基啊？），因此若要構築完美的絕對領域，就需要一雙過膝襪，這對女僕裝而言更是不可或缺的！……不可或缺的！……不可或缺的！……（因為很重要，所以要講三遍）。我長期接觸日本各種新鮮事物與文化，自認對阿宅的事物瞭如指掌，因此當我首次知道除了單馬尾協會與雙馬尾協會之外，竟還有個日本過膝襪協會時，真是令我深覺無顏見江東大腿、不，父老啊。

　　創立於 2013 年 10 月 31 日的日本過膝襪協會，認為過

膝襪可以展現女生漂亮的服裝與鞋子，創造各種不可思議的風情，對這個協會而言，過膝襪就是讓女生變得更可愛的魔法（不，我認為是正義），同時也是帶給人們幸福的魔法，因此他們誓言要將這個魔法推廣到整個世界！只是現在除了雙馬尾協會之外，單馬尾協會與日本過膝襪協會似乎都沒在活動了，讓人感到不勝唏噓。

但是過膝襪之日並非是由日本過膝襪協會所發起，而是網路社群自然形成的節日，從 2006 年起，日本人將過膝襪簡稱為ニーハイ（Ni-hai），與數字 2、8 諧音，而 11 的諧音也等同日文的いい，也就是很好的，因此 11 月 28 日就成為美好的過膝襪日，這天在日本網路社群上，會有許多女生或二次元美少女穿著過膝襪的美美照片與圖片喔。

11 月 29　電子書之日（イーブックの日）

11 月 29 日的節日真是超級多，因為日文數字 2、9 與服（ふく，Fuku）諧音，所以這天是好服裝之日（いい服の日），同時也是狗狗服裝之日（ワンワン服の日），不懂？你把 1、1 唸成 One、One 就懂了（好乖，好乖），此外這天也是好肉肉之日（いい肉の日）與好文具之日（いい文具の日），來自肉（にく，Niku）和文具（ぶんぐ，Bungu）都有 2、9 的諧音。

話說這諧音梗玩多了，總會讓人想出更好玩的諧音梗，日文的書除了唸做ほん（Hon），也可唸成從英文轉過來的

的ブック（Bukku），剛好與 2、9 有諧音，將 11 與 29 連在一起，不但有好書的意思，而且 11 唸起來又跟英文 E 一樣，也可以解釋為電子書 ebook，所以日本最大的電子書網站 ebook Japan 就將這天訂為電子書之日。

11月/30 銀髮戀愛之日（シルバーラブの日）

　　川田順是大正、昭和時代日本知名的傳統和歌文學家，在老婆於 1939 年病故之後，他從 1944 年開始指導大學教授中川與之助的老婆鈴鹿俊子創作和歌，當時 36 歲的俊子跟與之助已育有一男二女，卻漸漸地與 63 歲的川田順互生情愫，三人糾葛不清數年之後，與之助跟俊子在 1948 年 8 月離婚，此時已 68 歲的川田順深覺內疚，就在 11 月 30 日留下遺書離家出走，隔天跑去亡妻之墓撞墓碑自殺，銀髮戀愛之日就是這麼來的，但請別急，故事還沒講完。

　　川田順想自殺卻沒死成，被他的養子帶回家，但他與俊子的戀愛事蹟卻在 12 月被報紙大幅報導而廣為人知，川田順與俊子二人就在 1949 年 3 月 23 日結婚，之後川田順於 1966 年以 86 歲之齡辭世，俊子則在 2008 年去世，享壽 100 歲。川田順曾留下一句名言「到了快踏進墳墓的年紀，談戀愛是什麼都不怕的。」

12月
（師走）

Merry Christmas

電影之日（映画の日）

世界現存最古老的電影畫面是 1888 年拍攝的，之後大發明家愛迪生在 1893 年推出他發明的活動電影放映機 Kinetoscope，讓民眾可以付費看電影，但這兒得跟大家說明一下，當時所謂的看電影，並不是坐在黑暗房間內嗑爆米花看大銀幕，而是在這 Kinetoscope 機器上方有個小觀看孔，一次只有一個人能夠欣賞，片長則大約僅有 20 秒。

1896 年（明治 29 年）9 月，神戶的貿易商進口了 Kinetoscope，隨即被槍砲店老闆高橋信治買下，他先在 11 月 17 日與 20 日招待皇室的彰仁親王與有栖川大宮妃觀賞，之後於 11 月 25 日至 29 日這五天，在神戶市的神港俱樂部舉行公開放映，每天播放不同電影，分別是《西洋人拿史賓賽步槍射擊之圖》、《西洋人耍繩之圖》、《西洋人旅館內點燈嬉戲之圖》、《京都祇園新地藝妓三人曬布舞之圖》、《惡徒死刑之圖》，但因為太受歡迎了，這項活動就延長至 12 月 1 日，並追加一部電影《美國城市馬車與汽車競速之圖》，這也是日本電影產業的開端。

過了整整六十年後，日本的電影產業團體連合會在 1956 年制定電影之日，他們就選擇當年活動日期 11 月 25 日至 12 月 1 日之中，最為好記的 12 月 1 日來作為紀念日。

12月／2 日本人宇宙飛行紀念日
（日本人宇宙飛行記念日）

1990 年 12 月 2 日，日本人在這一天終於突破地球的藩籬，進入了宇宙的世界，因此這天就成為日本人宇宙飛行紀念日，但創下這項紀錄的是滿腹學識的科學家？還是帥氣的戰鬥機飛行員？都不是，日本的第一位太空人，是一個已經 49 歲的歐吉桑。

在日本泡沫經濟的最高峰，東京電視台 TBS 為了慶祝四十週年慶，推出了宇宙特派員計劃，他們支付 1,400 萬美元給蘇聯太空總部，要把 TBS 內部選拔出的 48 歲記者秋山豐寬送上太空。經過一年的訓練之後，秋山豐寬搭乘火箭升空，不但成為第一個上宇宙的日本國籍太空人，同時也是全世界第一位上太空的記者。TBS 全程轉播這歷史性的一刻，所有觀眾都引頸期盼猜想，秋山豐寬上太空之後的第一句話會是什麼？結果在聽到地球上的主播松永邦久呼叫，請他說出最重要的第一句話時，秋山豐寬習慣性地的脫口說出「誒～這是正式來的嗎？」而在隔天成為日本各大報的標題。

12月／3 月曆之日（カレンダーの日）

日本的月曆業者團體在 1988 年將 12 月 3 日訂為月曆之日，但是對這些業者的老祖宗們來說，這天真是個超級倒楣

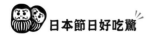

的日子。1872 年（明治 5 年）陰曆 11 月 9 日，明治政府忽然宣布陰曆只用到 12 月 2 日喔，12 月 3 日起就只用陽曆、變成 1 月 1 日囉！月曆之日就是這麼來的，但這有個大問題：月曆業者從陰曆 10 月 1 日起就已經開賣隔年的月曆，這下子各方退貨不斷，還得在二十三天之內趕製新的月曆，損失相當慘重，有趣的是在此之後，市面上竟然出現了妖怪月曆（お化け曆）（對，不是妖怪手錶）。

從改曆那天起，陰曆月曆就變成地下非法刊物，賣的話得罰錢，但民間仍有廣大需求，於是業者就以《民用日記》、《農家便覽》等名稱將陰曆轉為私下販售，而且為了逃避取締，月曆上的發行地址每年都換，發行人名字也是假名，所以才被叫做妖怪月曆，若以現在的角度來看，這就是我們熟悉的農民曆。

12月 4 E.T. 之日（E.T. の日）

大導演史蒂芬・史匹柏的電影《E.T.》在 1982 年 6 月 11 日上映，創造了驚人風潮與票房佳績，但日本的 E.T. 之日為何會是 12 月 4 日呢？現在的年輕朋友可能很難想像，當年的美國電影通常都得過幾個月之後才會在日本與台灣上映，日本的《E.T.》上映的日期，就是 1982 年 12 月 4 日，之後成為日本歷年票房冠軍，直到 1997 年才被宮崎駿的《魔法公主》打破。在此跟大家分享一個冷知識：劇中主角們所騎的 BMX 腳踏車，是日本大阪桑原商會生產的。

在台灣，《E.T.》是在 1983 年 2 月 11 日春節正月初一上映的賀歲強檔，當時許多人覺得這東西醜不拉嘰的，有什麼好看咧？出電影院時卻是感動得哭到一把鼻涕一把眼淚，而且當電影演到最後主角們與 E.T. 騎著腳踏車飛上天時，整個電影院竟然爆起如雷的掌聲與歡呼，你看當年的人們多純真啊。

12月5 相簿之日（アルバムの日）

12 月 5 日是相簿之日，這是為什麼呢？日文的奧（討）妙（厭）之處，像「五日」有時候要唸做ごにち（Gonichi），但若指的是每個月的 5 日，就得唸成いつか（Itsuka），而いつか又有「未來的某一天」的意思，因此生產相簿的 Nakabayashi 公司就在 2010 年將這天訂為相簿之日，希望在這年底最後的 12 月，大家要好好整理一年來所拍的照片，不要拖到「未來的某一天」再來做這件事。想想這其實是很有道理的，如果大家都只拍照而不整理放入相簿的話，那相簿要賣給誰啊？

12月6 姐姐之日（姉の日）

正所謂青菜蘿蔔各有所好，有人喜歡可愛的妹妹，當然也有人喜歡會照顧人的大姐姐。專研兄弟姐妹學的已故日本

漫畫家畑田國男，在 1992 年將 9 月 6 日妹妹之日三個月後的 12 月 6 日訂為姐姐之日，這天在歐美也是聖尼古拉斯節（Saint Nicholas Day），而聖尼古拉斯正是聖誕老公公的原型人物，他就是在西元 343 年 12 月 6 日去世的，嗯，所以姐姐與聖誕老公公之間發生了什麼事呢？

在很久很久以前，有三位非常貧窮的姐妹，姐姐為了要讓二個妹妹擁有幸福，決定犧牲自己，把自己給賣了換錢，得知這消息的聖尼古拉斯心疼不已，就趁著半夜來到三姐妹的屋外，從窗戶把金幣丟進去，結果金幣無意之間掉到掛在壁爐上晾著烘乾的襪子裡，意外得到金幣的三姐妹藉此擺脫困境並嫁為人婦，過著幸福美滿的日子，真是可喜可賀，可喜可賀，據說這也就是聖誕節會掛襪子、等人家塞禮物的由來。

為了彰顯大姐姐犧牲奉獻的精神，畑田國男引用這個故事將聖尼古拉斯節訂為姐姐之日，而除了妹妹之日與姐姐之日外，他還將 3 月 6 日訂為弟弟之日（弟の日），6 月 6 日訂為哥哥之日（兄の日）。

12月/7 聖誕樹之日（クリスマスツリーの日）

日本第一棵聖誕樹出現於幕府末期的 1860 年，是普魯士王國大使在使館內所布置的一顆大聖誕樹，之後東京商人原胤昭在 1874 年（明治 7 年）舉辦聖誕派對時，曾讓聖誕樹與聖誕老人共同出場，但是日本人真正開始布置聖誕樹，

應該是從位於橫濱的明治屋開始。

　　食品零售商明治屋創立於 1885 年（明治 18 年），就在創立隔年的 1886 年 12 月 7 日這天，為了吸引橫濱的外國人船員來店，明治屋布置了一棵聖誕樹，聖誕樹之日即由此而來，之後隨著明治屋進軍東京，布置聖誕樹的做法也隨之遍地開花。

　　日本人有多愛過聖誕節呢？根據估算，現在的聖誕節每年可為日本創造約 7,000 億日圓的經濟效益，是情人節的七倍，而在金融風暴前的 2005 年，聖誕節更曾經創造出 1 兆 1,000 億日圓的經濟效益。

12月／8　日刊新聞創刊日（日刊新聞創刊日）

　　幕府末期的 1861 年 6 月 22 日，第一份報紙在日本出現，但卻是由英國人編製的英文報紙《The Nagasaki Shipping List and Advertiser》，這天的報紙上還出現了一則「國際保齡球館新開幕！」廣告，所以日本保齡球館協會就在 1972 年將 6 月 22 日訂為保齡球之日（ボウリングの日），之後在 1862 年 1 月 1 日，江戶幕府發行了第一份日文報紙《官板雅加達新聞》，內容是海外新聞的日文翻譯。

　　進入明治時代之後，許多報紙紛紛創刊，但都是一週只發行個幾天，並不是天天發行，直到 1871 年（明治 3 年）陰曆 12 月 8 日這天，日本第一份每天發行的日報《橫濱每日新聞》誕生，建立日本報業的嶄新里程碑，日刊新聞創刊

日即由此而來。

12月/9 地球感謝之日（地球感謝の日）

地球是這世界上所有生物共同的家園，在一年最後一個月的 9 日這天，就來對地球致上感謝之意吧！這來自地球的日文ちきゅう（Chikyuu）之中有數字 9 的諧音。據說這個地球感謝之日，是一位名叫青木稚華的網友於 2002 年 9 月在他的部落格開始主張的，但現在大家都已搞不清楚當年的這位青木稚華到底是誰。

除了感謝地球之外，這一天也是身障者之日（障害者の日）。1975 年 12 月 9 日，聯合國決議通過《身心障礙者權利宣言》，日本的厚生省就在 1981 年將這一天訂為身障者之日，之後日本政府在 2004 年修改身障者基本法時，同步將身障者之日擴大為每年 12 月 3 日至 12 月 9 日的身障者週。

12月/10 抱歉之日（ごめんねの日）

大家都知道日文的「苟面那賽」（ごめんなさい，Gomennasai）或是「苟面捏～」（ごめんね，Gomenne）是抱歉的意思，但是竟然會有抱歉之日？原因是 2009 年 12 月 10 日這天，日本的知名連鎖家庭餐廳 Skylark 推出全新的牛排特餐，但是這牛排實在太大、大到都超出餐盤了，因此

Skylark 在廣告上劈頭就說「道歉啟事：真是非常抱歉，在裝盤的時候，牛排多少會超出餐盤外」，從此這天就成為抱歉之日，只可惜當時還沒流行「道歉時露出○○是常識」這句話。

　　對了，高知縣南國市有個 JR 車站的站名叫做後免，日文就是ごめん（Gomen），原因是 1925 年設站時當地叫做後免町，雖然後免町名稱已在 1959 年併入南國市而消失，但車站名稱並沒有更動，因此非常適合大家來此跟站牌合拍一張低頭賠罪的照片。除了抱歉之日外，日本的光榮公司在 1985 年 12 月 10 日發行了電腦戰略模擬遊戲：第一代「三國志」，因此這天也是三國志之日（三國志の日）喔。

12月/11 百圓硬幣紀念日（百円玉記念日）

　　日本早年的硬幣除了有其代表的價值之外，實際上也真的蠻有價值的，因為當時他們發行的銀幣真的都含有很高比例的白銀，最多可達九成。1957 年 12 月 11 日，日本政府發行史上第一枚 100 日圓硬幣，這也是他們在戰後首度發行的銀幣，百圓硬幣紀念日就是這樣來的。這枚硬幣的白銀含量為 60%，其餘則是銅與亞鉛，正面的圖案為鳳凰，背面則是旭日與櫻花，這硬幣也被稱為鳳凰百圓銀貨，1967 年，日本將百圓硬幣更改為白銅材質（銅 75%，鎳 25%），而這新的百圓硬幣就是我們現在所見的樣式。

　　接近年底時刻，各種應酬也變多了，這一天就很適合來

照顧關心一下你的腸胃，因為日本大眾藥工業協會在 2002 年將 12 月 11 日訂為胃腸之日（胃腸の日），原因來自對胃很好的日文胃にいい（I ni ii）剛好與數字 1、2、1、1 諧音。

12月12 漢字之日（漢字の日）

鑒於日本時下年輕人對於漢字越來越陌生，位於京都的日本漢字能力檢定協會就在 1995 年將 12 月 12 日訂為漢字之日，第一個 12 代表いいじ（Ii Ji），也就是日文的「好字」，第二個 12 則代表いちじ（Ichi Ji），也就是「一字」，同時就是從這一年開始，該協會每年都會向民眾公開募集最能代表這一年的漢字，然後在 12 月 12 日這天於京都清水寺的清水舞台上，擺出一張寬 1.3 公尺、高 1.5 公尺的大和紙，再請清水寺住持（日文稱為貫主）用大毛筆揮毫寫下票數最多的那一個字，這活動叫做「今年的漢字」（今年の漢字），日本的電視台還會做現場實況轉播呢。

此外，12 月 12 日也是拐杖之日喔！因為他們希望你拄著拐杖「一、二，一、二」一步一步穩穩地走。

12月13 雙胞胎之日（双子の日）

因為雙胞胎的日文叫做双子（ふたご，Futago），與數字 2、5 諧音，所以 2 月 5 日也是雙胞胎之日，但 12 月 13

日這個雙胞胎之日，則具有歷史上的重大意義，因為它確定了一件非常重要的事情：到底誰才是真正的老大。

咦？凡事都有個先來後到，雙胞胎裡先出生的那個就是哥哥或是姐姐，不是理所當然的嗎？哈哈，江戶時代的人們有著「哥哥姐姐是先進去媽媽的肚子裡，所以才會比較後面出來」、「哥哥姐姐為了守護弟弟妹妹，所以就讓弟弟妹妹先出來」的說法，所以先生出來的，反而是弟弟或妹妹喔，直到 1874 年（明治 7 年）12 月 13 日這天，日本政府頒布法令指明雙胞胎裡先出生的是哥哥或姐姐，才明文確定了誰是雙胞胎裡的老大。

12月 14 忠臣藏之日（忠臣蔵の日）

從江戶時代起，忠臣藏的故事已無數次被日本的歌舞伎、戲劇、電影、電視所演出，而其由來是一段真實的歷史。

元祿 14 年陰曆 3 月 14 日，赤穗藩主淺野長矩在江戶城因故拔刀砍傷吉良義央，當時本應「喧嘩兩成敗」，也就是不問是非，雙方須同等處罰，但將軍德川綱吉只命令長矩立即切腹、赤穗廢藩，卻沒有處罰義央，引起赤穗藩眾家臣的不滿，於是在元祿 15 年陰曆 12 月 14 日（陽曆 1703 年 1 月 3 日）凌晨 4 點，大石內藏助等 47 名赤穗浪士殺進義央家裡，把義央給砍了，為主公報仇雪恨，因此這天就成為忠臣藏之日。至於這 47 人的最終結局，除了一人行蹤不明之外，剩下的 46 人被幕府在二個月後命令切腹，遺體則與主公長矩

一同葬於江戶的泉岳寺。

12月/15 觀光巴士紀念日（観光バス記念日）

這裡所說的觀光巴士，是指巡迴各個觀光名勝，遊客購票後可以在各景點自由上下車的巴士，最早出現在一次世界大戰後的歐洲，當時大家巡迴的是各地的戰場舊址，之後在1925年（大正14年）12月15日上午9點，東京遊覽乘合自動車的第一班觀光巴士從東京上野出發，開啟了日本觀光巴士的歷史。

日本第一個觀光巴士遊覽哪些地方呢？宮城皇居、日比谷公園、芝公園、愛宕山、泉岳寺、明治神宮、東宮御所、招魂社、上野公園、淺草寺、被服廠遺址、銀座通，總共需要八小時，其中乘車時間三小時，參觀時間四個半小時，另外半個小時則是在明治神宮前的休憩所喝茶或至食堂用餐，但用餐得另外付錢。這觀光巴士幾經變革，在二戰後的1948年以新日本觀光之名重新出發，之後又在1963年更名，成為我們現在非常熟悉的はとバス（HATO BUS），はと就是日文的鴿子。

12月/16 電話創業之日（電話創業の日）

1890年（明治23年）12月16日，東京與橫濱之間的

電話開通，日本的電話開始營運，讓這天成為日本的電話創業之日。當時加入的電話使用者，在東京有 155 台，橫濱則有 42 台，總計 197 台，所以當年並不需要電話簿，只要一張電話表就夠了，電話號碼第一號（真的只有一個「一」）則是東京府廳，這電話表目前在 NTT 技術史料館可以看得到。

　　當年的電話必須由接線生轉接，總共有七位女生與二位負責晚間接線的男生投入服務，收費則是採年費制，東京每年 40 日圓，橫濱 35 日圓，但是當時 1 日圓可以買 15 公斤白米，所以 40 日圓換算下來約等於現在的 24 萬日圓……好貴！繳了年費之後，撥打市內電話一律不再收錢，但若撥打市外電話、也就是從東京打給橫濱，或是從橫濱打給東京的話，每 5 分鐘收費 15 錢，約等於現在的 2,250 日圓……好貴！

12月/17 少鹽之日（減塩の日）

　　要談少鹽之日，就得先談高血壓。2005 年，世界高血壓聯盟將 5 月 17 日訂為世界高血壓日，這並不是說全世界每到這一天就會血壓上升（廢話），而是要大家注意高血壓對於健康的影響，之後日本高血壓學會與日本高血壓協會也在 2007 年共同將 5 月 17 日訂為日本的高血壓之日（高血圧の日）。

　　但是高血壓是一整年的事，有高血壓的人每天都要注意

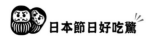

飲食健康，怎麼可以一年之中只有一天來提醒大家呢？於是日本高血壓學會又在 2017 年將每個月的 17 日訂為少鹽之日，因為無論是預防或治療高血壓，第一要務就是必須減少餐飲中食鹽的攝取，而日本人吃鹽又比其他國家來得多，根據該學會估算，全日本人一天大約會吃掉 1,000 公噸的鹽。

12月/18 東京車站之日（東京駅の日）

日本最初的鐵道開通於 1872 年（明治 5 年），但是代表日本交通樞紐的東京車站則在 1914 年（大正 3 年）才完工，並於同年 12 月 18 日舉行盛大的開業紀念典禮，因此這天就成為東京車站之日。

三層樓建築的東京車站，總共使用了 3,500 噸鋼材與 926 萬個磚塊打造，雖然平安度過 1923 年關東大地震，但仍在 1945 年 5 月 25 日的東京大空襲遭受破壞，之後日本人在 1947 年將頂層受損的車站從三層樓改為二層樓，稱之為暫時復原，只是一個暫時，轉眼就過了六十年，直到 2007 年才終於動工回復最初的三層樓樣貌，並於 2012 年完工。

12月/19 日本人初次飛行之日（日本人初飛行の日）

1903 年 12 月 17 日，美國萊特兄弟完成人類首次動力飛行（接著人類只花了 66 年就登陸月球），但誰是日本第一

位進行動力飛行的人呢？這點在當年很難判定，因為你實在搞不清楚他到底是真的在飛呢？還是不小心從地面彈起來？

　　1910 年 12 月 14 日，日本陸軍步兵上尉日野熊藏在發表會前的訓練中，於東京代代木練兵場曾駕駛飛機短暫離地，但 10 家報社中只有 1 家宣稱他是在飛行；接著來到 12 月 19 日正式的初飛行發表會，日本陸軍工兵上尉德川好敏駕駛法國製飛機飛行了 4 分鐘，成為日本官方承認的飛行第一人，接著日野熊藏也駕駛德國製飛機翱翔了 1 分鐘，這天就成為日本人初次飛行之日。順帶一提，德川好敏可是大有來頭喔，他是德川御三家之中，清水德川家的第八代當家。

12月/20 霧笛紀念日（霧笛記念日）

　　大家都知道燈塔是用來在夜間告訴船隻陸地的所在，但若在白天遇到濃霧或是漫天大雪時，燈塔要怎樣才能讓船隻知道它們在這裡？很簡單，當無法依賴視覺的時候，就依靠聽覺吧。位於青森縣東北角的尻屋埼燈台，面對的是氣候萬變、有著「難破岬」、「海之墓場」稱號的津輕海峽東口，於是在 1877 年（明治 10 年）裝設了日本第一座霧鐘，之後更於 1879 年 12 月 20 日設置全日本第一座霧笛，霧笛紀念日即由此而來。

　　尻屋埼燈台還有個「幻影燈塔傳說」：二戰即將結束前的 1945 年 7 月 14 日，美軍攻擊尻屋埼燈台，導致燈塔毀損無法點燈，當時在無線通信室的 42 歲技士村尾常人中彈身

亡，隔月日本就宣布投降。1946 年夏天，當地許多漁民說他們看到尚未修復的燈塔竟然發出亮光（燈塔長在報告上寫著「燈台的怪火」），幫助他們脫離險境，人們心想，或許這是村尾常人在保佑他們吧？這個神祕的現象，在燈塔於同年 8 月重新點亮臨時燈之後就沒有再出現了。尻屋埼燈台至今仍保留著美軍當年空襲射擊的彈痕。

12月/21 遠距離戀愛之日（遠距離恋愛の日）

據說這遠距離戀愛之日，是日本高中女生之間流傳下來的，我們得先將 12 月 21 日寫成 1221，才能理解其中隱藏的含意。

1221 最左邊與最右邊的 1，代表正在談戀愛、但卻分隔二地的二個人，至於中間的二個 2，則代表各自身邊附近的 2 個人，或是其他雙雙對對、讓人看得牙癢癢的情侶（呃，牙癢癢是我自己加的），另有一說則是中間的 2，代表著二人在心情上還是在一起的意思，無論是上面哪種說法，再加上情人相聚的聖誕節馬上就要到了，總讓人覺得拿 1221 來作為遠距離戀愛之日，實在挺有意思的。

12月/22 蟹肉棒之日（カニカマの日）

我們吃火鍋時常會吃到的蟹肉棒，其實並不是真的蟹

肉，而是在魚漿添加蟹肉風味與外觀，所以正確的說法應該是蟹肉風味棒。

蟹肉棒的發明起源眾說紛紜，其中一說是石川縣七尾市的水產加工業者 SUGIYO 在 1972 年發明的，也正是他們將除了 6 月之外的每個月 22 日訂為蟹肉棒之日，原因很直白地來自螃蟹的二支大螯跟二二很像，但為何唯獨要避開 6 月 22 日呢？請大家回頭看一下前面的文章，6 月 22 日是知名的螃蟹料理專門店：螃蟹道樂所訂的螃蟹之日，SUGIYO 為了向真正的螃蟹致上崇高敬意，所以才刻意避開這一天。

12月/23 東京鐵塔完成之日
（東京タワー完成の日）

在電視剛普及的年代，各家電視業者都想在東京建設自家的鐵塔來播送訊號，但電波管理局長濱田成德認為各家規劃的一百多公尺鐵塔不但傳訊不夠遠，大家都蓋的話市容也不好看，應該要蓋一個大家共用的高塔才對，於是日本企業家前田久吉在 1957 年 5 月 8 日創立日本電波塔株式會社，同年 6 月底開工，僅僅過了五百多天，就在 1958 年 12 月 23 日完成這座 333 公尺、世界第一高的東京鐵塔，並在隔天的聖誕節前夕上午 9 點對外開放。

你知道的東京鐵塔就是這麼來的，但你聽過鐵塔大神宮嗎？位於東京鐵塔大瞭望台二樓的鐵塔大神宮，建於 1977 年 7 月 11 日，是整個東京都 23 區海拔位置最高的神社，而且供奉的神明可是大有來頭，那就是從日本所有神社最頂

點：伊勢神宮分靈過來的天照大神。

12月/24 （月曆上有這一天嗎？）

在浪漫的 12 月 24 日聖誕夜這天，身為去死去死團資深會員的本人，在此誠摯地祝福天下有情人，都是失散多年的親兄妹。

日本曾有位網友製作了一份月曆，在網路上獲得廣大好評，因為在這 12 月的月曆上，23 日之後還是 23 日，之後繼續又是 23 日，後面跟著才是 26 日，聖誕夜與聖誕節就這樣直接不見了，直接採取不看不聽不承認現實戰略，把精神勝利法的精髓發揮至最極限，話說冬天不就是暖爐被和橘子嗎？聖誕節是什麼東東？好吃嗎？

好啦，如果你堅持在這天非得慶祝一下，那麼就慶祝學校營養午餐紀念日吧（学校給食記念日），因為在戰後的 1946 年 12 月 24 日這天，東京都、神奈川縣與千葉縣開始試驗提供營養午餐。

註：去死去死團，是由一群親切的單身男子所組成的組織，主要從事對有女友的男性進行親切的拷打刑求，或是在情人節與聖誕節買下電影院所有隔號座位，避免情侶閃光破壞觀影畫質，是一個非常親切的非營利公益團體。

12月/25 巴尼陣亡紀念日（バーニィの命日）

　　每年聖誕時節，當你們雙雙對對、恩恩愛愛、卿卿我我的時候，你有想到巴尼嗎？沒有！因為你只想到你自己！（編輯：呃，請問一下，這個巴尼是誰啊？）

　　在 1989 年動漫《機動戰士鋼彈 0080 口袋裡的戰爭》中，男主角巴尼與女主角克莉絲偶然相遇並漸生曖昧情愫，但尚未正式表白，這二人分別隸屬敵對的地球聯邦軍與吉翁軍，而且對彼此的真實身分毫不知情，就在宇宙曆 0080 年的聖誕節這天下午，巴尼隻身駕駛薩克挑戰鋼彈，雖然把鋼彈的頭給砍了下來，卻同時也被光劍貫穿，19 歲的萬年單身狗巴尼……就這麼陣亡了……而且到死……都不知道自己是……被心上人克莉絲幹掉的……嗚嗚嗚……而駕駛鋼彈不知自己手刃意中人的克莉絲……在最後還想找巴尼……跟他打聲招呼……嗚哇啊啊～。

　　四處都有情侶放閃的聖誕節，對單身狗阿宅而言是痛苦的一天，因此這天會有許多阿宅在網路上追悼紀念巴尼，以示對聖誕節的小小反抗，你下次看到聖誕節有人在網路上大喊「巴尼！～」就知道是怎麼回事了，此外因為巴尼（バーニィ）與數字 8、2 諧音，所以 8 月 2 日也是巴尼之日喔。

12月／26 職業棒球誕生之日
（プロ野球誕生の日）

　　在這麼多的節日中，有關日本職棒誕生的日子有二個，一個是全日本職業野球連盟在 1936 年（昭和 11 年）2 月 5 日成立，因此 2 月 5 日就是職業棒球之日（プロ野球の日），另一個則是職業棒球誕生之日，因為在更早的 1934 年（昭和 9 年）12 月 26 日這天，日本第一支職棒球隊誕生，這支球隊叫做大日本東京野球俱樂部，你應該沒聽過，但這支球隊將在 1936 年改名為東京巨人軍，也就是日後鼎鼎大名的讀賣巨人隊。

　　意外的是，巨人隊這個名稱曾給他們帶來特殊的困擾。在戰雲密布的 1940 年 9 月 13 日，日本政府要求職棒球隊禁止使用敵方的語言，也就是英文，於是巨人隊球衣胸前原本的「GIANTS」字樣，變成左胸大大的一個「巨」字。

12月／27 淺草仲見世紀念日
（浅草仲見世記念日）

　　東京淺草寺前方 250 公尺的表參道，左右共有 89 間店，這就是仲見世商店街，據說在 1685 年時，幕府要求附近居民負責打掃淺草寺，但同時賦予他們在表參道開店的特權，讓仲見世成為日本最早的商店街之一，仲見世的名稱則來自該處位於前方道路與淺草寺的中間，而被稱做中店（なかみせ，Nakamise），之後就演變為同音的仲見世。

1885 年（明治 18 年）12 月 27 日，仲見世以磚瓦建築之姿新裝開業，紀念日即由此而來，雖然之後 1923 年的關東大地震，以及 1945 年的美軍東京大轟炸，讓東京與仲見世在短短 22 年內二度幾近全毀，但他們每次都迅速再次站起，最終演變為今日的繁華榮景。

12月/28 身體檢查之日（身体検査の日）

1888 年（明治 21 年）12 月 28 日，日本政府文部省（相當於教育部）頒布命令：各所學校在每年四月的時候，都要對所有的學生進行「活力檢查」，也就是健康檢查，因此這天就成為身體檢查之日，同時更為日後千千萬萬的日本謎片，提供有如滔滔江水連綿不絕，又有如黃河氾濫一發不可收拾的好題材，讓人不禁要說：謝謝你！1228！

日本學校所做的身體檢查，除了測量身高、體重、胸圍、臀圍、握力、肺活量等項目之外，還有一個有趣的項目叫「座高」，意指當你坐下來時從椅面到頭頂的高度，原因來自當時人們認為座高較高的人，內臟也會比較發達（咦？這樣子腿不就相對更短了嗎？），於是各校就從 1937 年起開始為每一位學生量座高，就這麼量啊量的，在經過 78 年之後，量座高的做法在 2015 年終止，原因是「終於搞懂量這個東西完全沒有任何意義」。

12月/29 香頌之日（シャンソンの日）

如果開一間咖啡廳能夠開到在結束營業之後，原址還立了一根石碑來紀念，應該也算是功德圓滿了，這間傳奇的咖啡廳就是位於東京銀座七丁目的銀巴里。

二戰後的日本經濟隨著韓戰爆發而開始成長，銀巴里也在 1951 年誕生，成為日本第一間香頌咖啡廳。香頌（Chanson）在法文是歌曲的意思，但現在大多是指帶有法國獨特浪漫韻味的曲調，銀巴里之所以叫做香頌咖啡廳，是因為它設有舞台，讓你在品嚐香醇咖啡的同時，還可聆聽歌手與樂隊現場演出的香頌歌曲，讓銀巴里成為當時文人墨客與演藝明星的流連之地，日本知名的中性藝人美輪明宏，就是從擔任銀巴里駐唱藝人開始嶄露頭角，銀巴里自此成為許多小歌手的夢想。經過 39 年後，東京銀巴里在 1990 年 12 月 29 日步下舞台，為了紀念這段歷史，這天就成為香頌之日。

12月/30 地下鐵紀念日（地下鉄記念日）

在明治時代，有二個知名的早川德次誕生，一個是出生於 1893 年（明治 26 年）的夏普創辦人早川德次，另一個則出生於 1881 年（明治 14 年），也就是我們接下來要談的日本地下鐵之父早川德次。

1914 年，早川德次在歐洲視察途中於英國倫敦首次搭乘地下鐵，大為震撼的他認為東京也必須要有自己的地下鐵，回國之後就立即進行規劃，在克服重重困難之後，東京地下鐵從 1925 年 9 月 27 日開始動工，並在 1927 年 12 月 30 日正式開業，全亞洲第一條地下鐵就此誕生，地下鐵紀念日也由此而來。

這條東京最初的地下鐵全長 2.2 公里，只有淺草、田園町、稻荷町、上野四個車站，但開業當天上午就湧入四萬人前往搭乘，排隊時間超過二小時，一天下來的搭乘人數更接近十萬人。在經過將近一百年的 2020 年，東京的地下鐵總共有 13 條路線，車站總數更達到 286 個。

12月/31 灰姑娘日（シンデレラデー）

終於來到一整年的最後一天，也就是灰姑娘日，為何這天會與灰姑娘有關呢？這是因為在這一天，所有的人都會像灰姑娘一樣，死命緊盯著時鐘倒數計時，等待指針指向 12 點那一刻的到來，真的有夠灰姑娘對吧。

對了，日本也把小罩杯（A 到 AAA）的ㄋㄟㄋㄟ叫做灰姑娘ㄋㄟㄋㄟ喔，因為就像灰姑娘的腳一樣，不管多～～～小的玻璃鞋，都可以塞得進去哪！（編輯：都最後一天的最後一句了，你還要這樣玩喔？）

李仁毅仆倒在地，嘴裡喃喃地說：「……我已經用完所有的梗……已經一無所有了……」

　　「……你在說什麼傻話？你才不是一無所有呢！」編輯說道：「……你有病……」

Life 51

日本節日好吃驚

作　　者—李仁毅
封面繪者—陳映蹀
內文繪者—陳永忻
責任編輯—廖宜家
主　　編—謝翠鈺
企　　劃—廖心瑜
資深企劃經理—何靜婷
美術編輯—張淑貞
封面設計—斐類設計工作室

董 事 長—趙政岷
出 版 者—時報文化出版企業股份有限公司
　　　　　一〇八一九台北市和平西路三段二四〇號七樓
　　　　　發行專線—(〇二)二三〇六六八四二
　　　　　讀者服務專線—〇八〇〇二三一七〇五
　　　　　　　　　　　(〇二)二三〇四七一〇三
　　　　　讀者服務傳真—(〇二)二三〇四六八五八
　　　　　郵撥—一九三四四七二四時報文化出版公司
　　　　　信箱—一〇八九九 台北華江橋郵局第九九信箱
時報悅讀網— http://www.readingtimes.com.tw
法律顧問—理律法律事務所 陳長文律師、李念祖律師
印　　刷—勁達印刷有限公司
初版一刷—二〇二一年五月十四日
定　　價—新台幣三八〇元
缺頁或破損的書，請寄回更換

時報文化出版公司成立於一九七五年，
並於一九九九年股票上櫃公開發行，於二〇〇八年脫離中時集團非屬旺中，
以「尊重智慧與創意的文化事業」為信念。

日本節日好吃驚 / 李仁毅作. -- 初版. -- 臺北市：
時報文化出版企業股份有限公司, 2021.05
　面；　公分. -- (Life；51)
　ISBN 978-957-13-8829-8 (平裝)

1. 節日 2. 通俗作品 3. 日本

538.531　　　　　　　　　　　110004185

ISBN 978-957-13-8829-8
Printed in Taiwan